인형엄마의 인형만들기

엄정애 지음

상상창작소 봄

머리글

인형에 관심을 가졌던 단발머리 중학생 소녀

인형에 관심을 갖게된 계기는 '우리 인형은 모두 어디로 간걸까?'라는 의문에서 시작됐다.

인형을 그동안 끊임없이 만들었고, 만드는 대로 나눠 주었다. 마치 인형 전도사처럼 말이다. 마음에 드는 표정과 인형의 몸이 만들어질 때까지 만들고 또 만들었다. 인형은 처음 만들 때 빨리 만들려는 마음을 내려놓고, 인형 모습도 그려보고, 색칠도 해보며 상상해 보면 어느새 인형이 가슴으로 들어온다. 인형 만들기는 만든 사람의 솜씨, 색깔, 철학과 인생이 비치는 작업이자 작품 그 자체이다.

인형을 만드는 나만의 오롯한 시간과, 손이 가는 대로 만들다가 신기하게 만나는 친구!

그리고 기쁘게 맞이할 준비되어 있는 자신에게 미소 짓는 일만 남은 것을 알게 될 때 기쁨과 알 수 없는 감정이 채워진다. 니르바나!

우리가 인형을 만드는 이유는 인형만이 갖고 있는 환상과 인형만이 뿜어낼 수 있는 유머와 극대화, 극소화하는 표현이 눈앞에 있기 때문일 것이다. 또 그 과정에서 느끼는 기쁨과 치유도 있으리라. 만드는 동안의 수고와 고단함 또한 기쁨이요, 손과 재료와 내가 만나서 조화롭고 묘한 것이다.

인형은 종이인형, 헝겊인형, 나무인형, 스펀지인형 등 '재료'로 분류하기도 하지만, 종이막대인형, 관절인형, 양말인형, 줄인형, 기둥인형, 백팩인형, 팝업, 오브제인형 등 '모양과 움직임'으로 나누기도 한다. 또한 다양한 형식을 섞어 놀랍고, 재밌고, 아름다운 극을 만들 수도 있다.

이 책에 담은 인형 만들기는 혼자서나 인형인들에게서 어깨너머로 배운 것들을 담았다. 오랫동안 갈고 닦아 정리되고 갈무리한 것을 여러 사람과 나누고픈 소박한 마음에서 시작했다. 이 책을 보는 이들에게 인형 만들기가 조금이나마 도움이 되기를 바라는 마음이다. 그동안 나를 아끼고 어여삐 여겨주신 많은 분에게 감사하다.

2025. 12.

염정아

목차

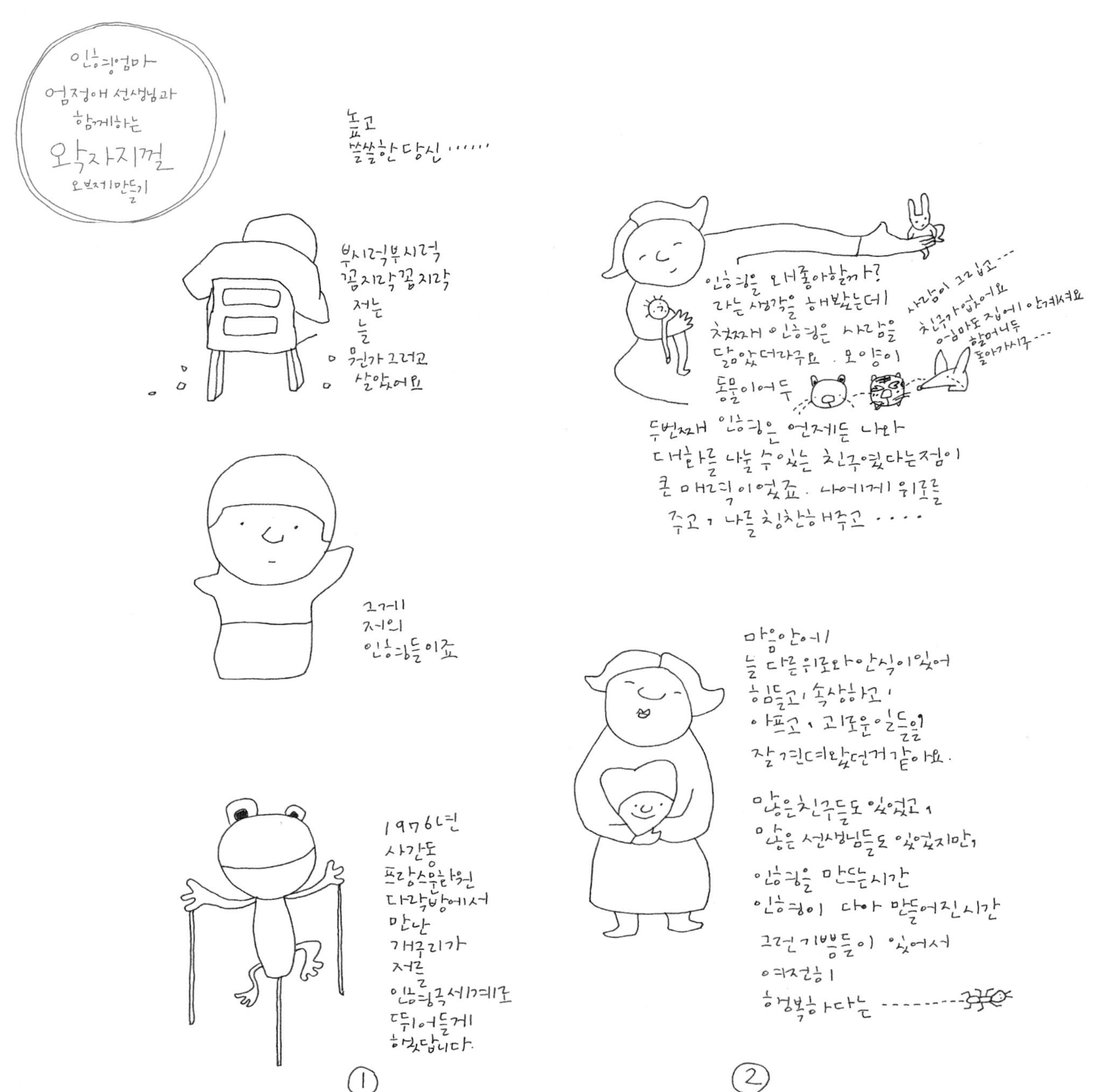

※ '오브제 만들기'는 작가의 입말을 살려 적었습니다.

인형이란?

> 내 기억으로 이 인형은 서너 살쯤에
> 가지고 놀던 것이었다.
> 얼굴은 해바라기를 닮았고
> 몸 안에는 쌀겨가 들어 있었다.
> 엄마는 언제나 바쁘게 일하시고
> 난 늘 떨어져 지내니
> 인형은 언제나 웃으며
> 나를 위로하는 것 같았고,
> 자연스레 의지하게 됐다.
> 부모의 부재를 메워주는
> 심리적 대상이 아니었을까.
> 이처럼 모두에게 인형은
> 단순한 장난감이 아니라
> 심리적 안전 기지이자
> 상상과 감정 표현의 통로였다.

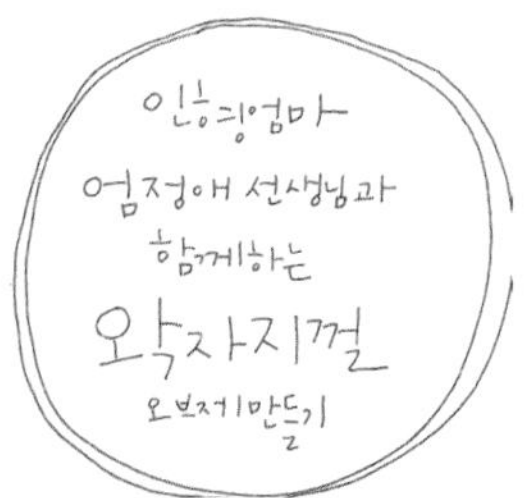

제가 만드는 인형은 주로 종이를
주재료로 삼았구요

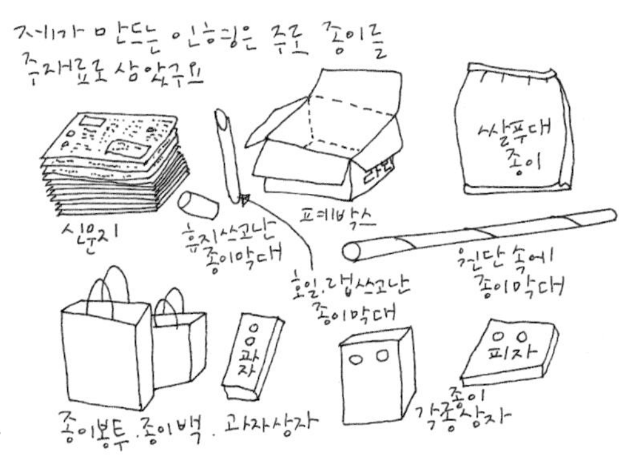

그렇지만,

제일
좋은 종이는 역시 '한지'죠.

세계적인 한국의 한지는 늘 저의 자랑입니다.
세계에 어딜 가도
따라올 수 없는 한국한지의 질과 빛깔.

그렇지만,

한지가 비싸기때문에 작업자로서는 한지만을
고집할 수가 없었어요. 더욱기 시민워크샵같은경우!!!

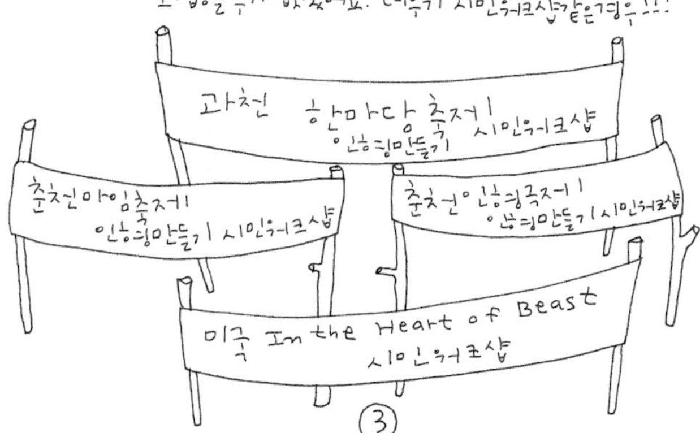

③

종이로 인형극도 만들지만,
마스크도 만들어서

탈놀이도 하고요. 퍼레이드하고,
커다란 인형들과
거리에서
인형극을 하기도 하죠.

종이를 아껴야하는것은
두 말할것도 없지만요
폐지들 모아
작품을 만드는일
신경각안해도
신나는 일이 되거죠.
그리고
그
신나는일을
나누고요.

④

준비하기

인형 만드는 재료와 도구들

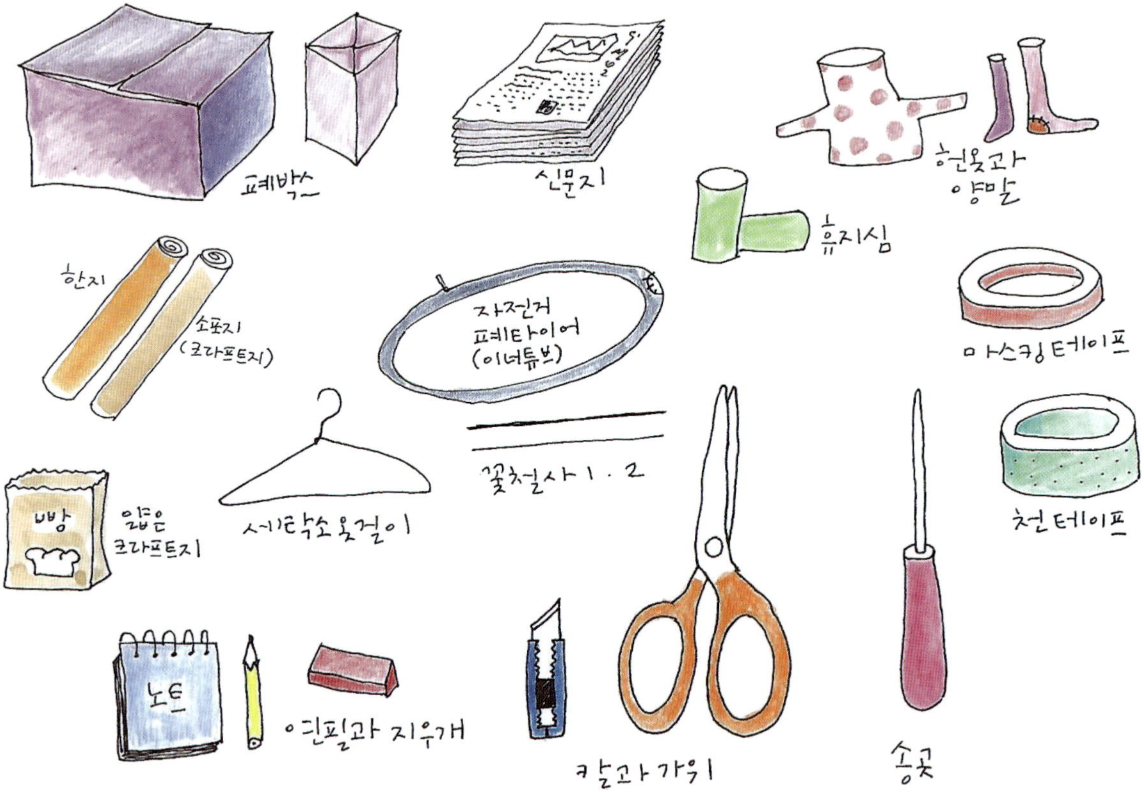

폐박스

신문지

헌옷과 양말

휴지심

한지

소포지 (크라프트지)

자전거 폐타이어 (이너튜브)

마스킹테이프

천테이프

꽃철사 1.2

세탁소옷걸이

빵 / 얇은 크라프트지

노트

연필과 지우개

칼과 가위

송곳

바느질도구
풀붓과 풀판
밀가루 1kg
박스 스테플러
롱노우즈
물감과 팔레트
붓
밑이둥근양푼
거품기
글루건
글루건심
물감
포트

아이들을 지켜봐서 알지만,
우리아이들은 엄마가 인형 만드는걸 친구들에게
자랑거리이 있어요. 그리고 그 정신없는 제 작방을
친구들에게 구경시켜주구요. 지금생각해봐도
창피하고 부끄럽지만, 아이들은 그런게
재미있나봐요.

인형이 제게 선물한
추억들이 소중하게 제 가슴속에서 ....
다시 따뜻하게 용광로처럼 ------
끓고 있다고요

인형을 만들어 볼까요

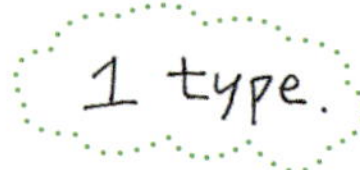 I. 종이 막대 인형

휴지심이나 비슷한 형태를 가진 종이막대로 인형을 만든다. 재밌게 걸어가고 움직이는 인형을 만드는 제작법으로 어린이부터 어른들까지 좋아하는 인형이다. 음악에 맞춰 발을 느리고 빠르게 움직이며 어디든 걸어나갈 수 (공중에서도) 있다. 단점은 손가락을 뺏다 넣었다하는 데 시간이 걸려서 인형극을 할때는 단독공연을 하거나, 처음과 맨 나중에 등장하면 효과적이다.

1 type.

준비물

휴지심
마스킹테이프
풀
신문지
꽃철사
칼, 가위

만드는 법

① 휴지심 한 개를 반으로 자른다

② 신문지 한 장을 뭉쳐서 얼굴 모양처럼 둥글게 만들어 마스킹 테이프를 붙인다

③ ①과 ②를 연결한다

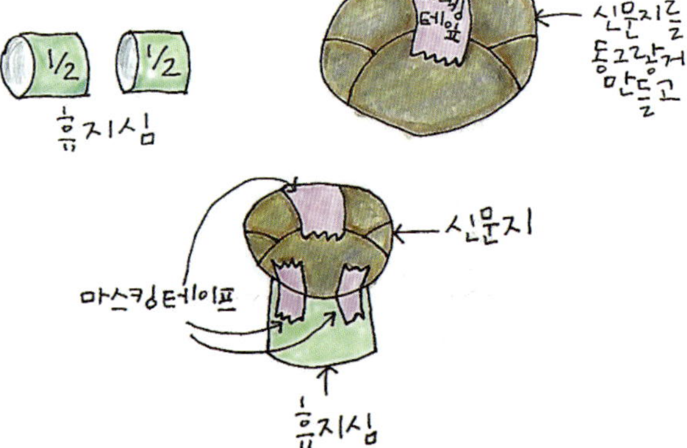

④ 휴지심 아랫부분에 검지와 중지가 들어갈 만큼 자른다

⑤ 휴지심 잘라낸 부분을 철사로 감싸주고
테이핑하고,
종이 풀칠한다

⑥ 얼굴엔 코를 만들어주고
발엔 신발을 만들어준다

⑦ 발을 번갈아 움직이며
여러 가지 동작을 연구해본다

철사로 잘 마무리하지 않으면,
손가락이 들어가 움직이는 부분이 찢어질 테니 꼼꼼하게 마감해 준다

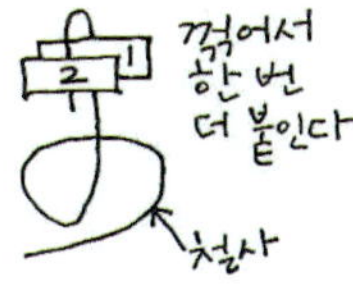

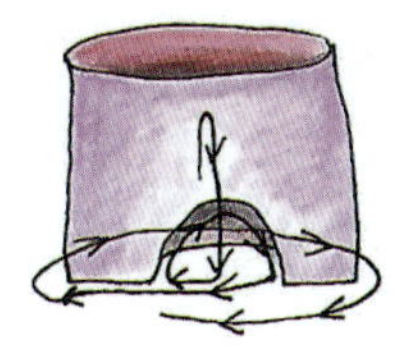

테이프를 잘게 찢어서 휴지심과 철사가 만나는 부분에 붙이고,
테이프가 보이지 않게 종이로 풀칠한다

풀칠한 종이로 빈 공간을 만들고
얼굴과 몸을 연결한다

만드는 법

① 크기가 다른 2개를
   비슷한 형태로 만든 다음
   바람이 잘 통하는
   그늘에서 말린다

② 몸으로 삼은 곳에
   십자가 모양을 가장 윗부분에 고정시킨다
   *십자가 모양은 머리가 360° 회전하는 것을 막아주는 역할

③ 머리와 십자가 모형을 연결할 때 잘 늘어나는 성질의
   스판 재질 속옷이나 양말 천을 쓰면 좋다

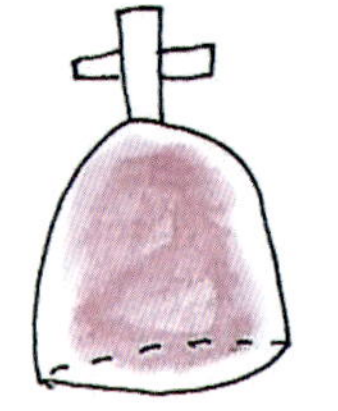

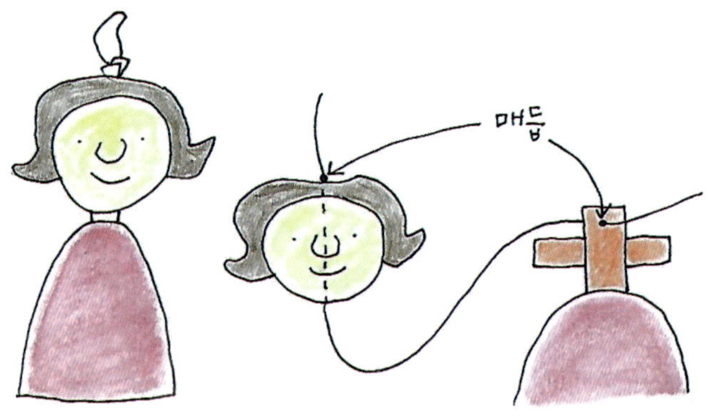

④ 십자가 모형에도 매듭을 매고,
   인형 머리(겉)에도 매듭을 맨다
   이때 바짝 매지 말고
   둘 사이가 헐렁할 만큼 여유가 필요하다
   그래야 인형 머리가 잘 움직인다

⑤ 이 인형도 뒤에 손가락을 집어넣고
   움직이며 걸어갈 수 있다

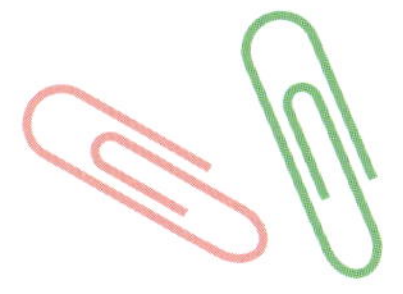

신발 만들기

준비물 한지, 풀

만드는법

① 풀칠한 한지를 검지 끝에 감는다

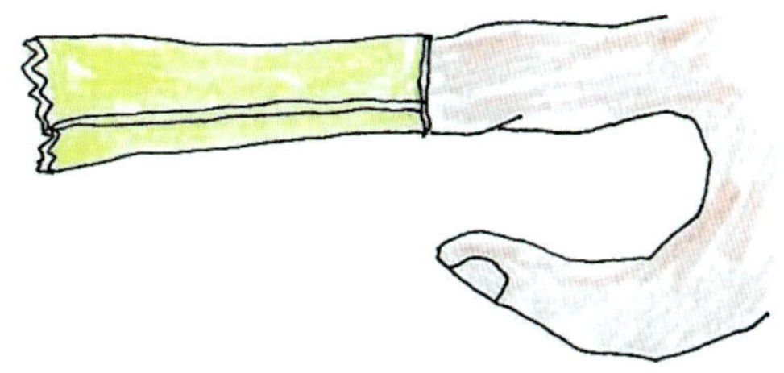

② 손가락에 감은 한지를 세우고,
   누르고, 구기면서
   발모양을 만든다

③ 손가락을 천천히
   꺼낸 다음 그늘에서 말린다

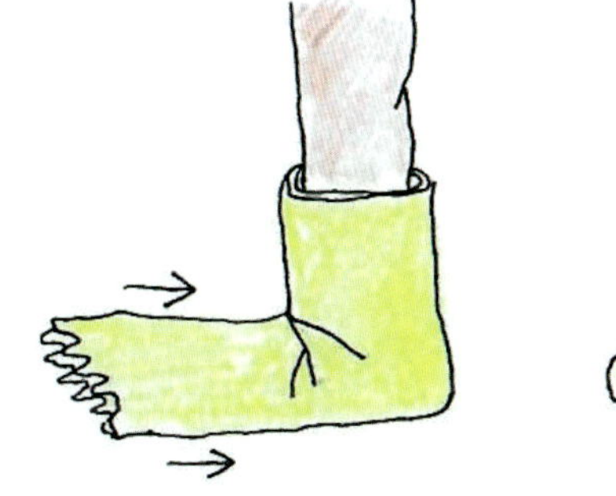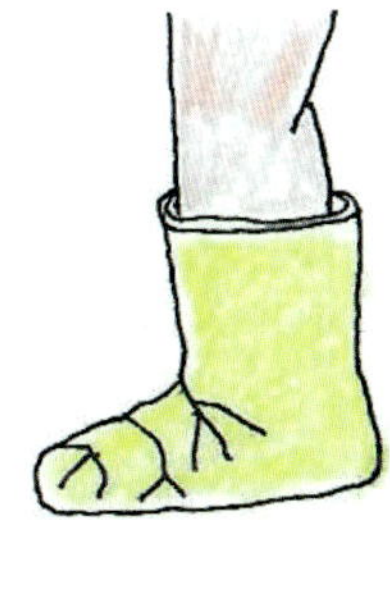

④ 구겨진 발모양에 한지를 작게
   찢어 풀칠해 주면서,
   발 뒤꿈치를 만들어준다

*발에서 제일 중요한 것 = 발 뒤꿈치

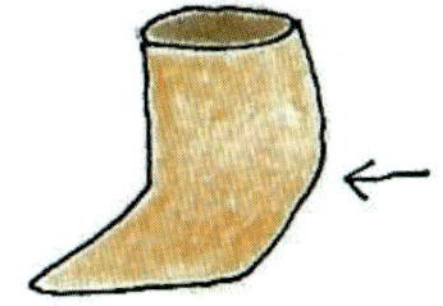

만들고 나면 보통 이런 모양이다
이 모양은 인형이 넘어질 것처럼 걷게 한다

풀 만들기

준비물

밀가루
거품기
양푼
물
포트

만드는 법

① 밀가루를 찬물에 되직하게(튀김옷 만큼) 풀어 놓는다
　가루 멍울이 남지 않게 잘 저어준다

*물 양이 많아지면 풀이 되지 않는다

② 포트에 물을 끓인다

*펄펄 끓는 물을 부어야한다

③ 반죽에다 끓는 물을 부으면서
　반죽이 익는 것을 보며 풀 농도(물의 양)를 정한다

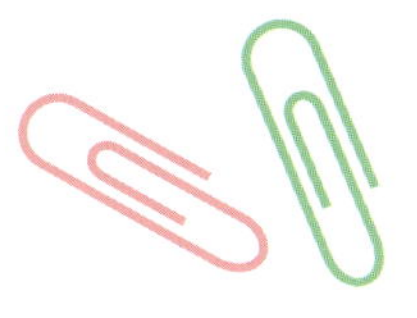

풀칠 (PAPIER - MÂCHÉ)

신문지에 풀칠할 때는 주로
두 장을 1겹(Layer)으로 하고 두 장의 3면을 풀칠한다

① 
신문지 한 장에
풀칠하고

② 
풀칠한 신문지 위에
한 장을 더 얹어
풀칠한다

③ 
겹쳐진 두 장의
신문을 한꺼번에
뒤집어 한번 더 풀칠

총 3번의 풀칠!

종이가 두꺼울 수록 풀은 묽게 쑤고,
종이가 얇을 수록 풀은 되게 쒀야 한다

소포지(크라프트지)는
한 장을 앞뒤로 풀칠한다

발뒤꿈치 만들기

만드는 법

① 풀칠한 한지를 왼손에 두고,
오른손 엄지와 검지로 (손톱만하게) 뜯어
여러겹 겹친다

② 작게 뜯어낸 한지를 반으로 접는다

③ 반으로 접을 때 중앙을 누르지 않고
'반달떡'처럼 만든다

준비물 한지, 풀

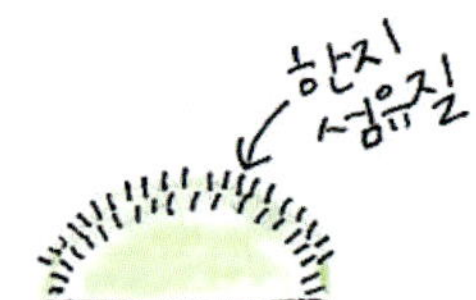

가장자리는 얇고,
가운데는 공기+한지 두께

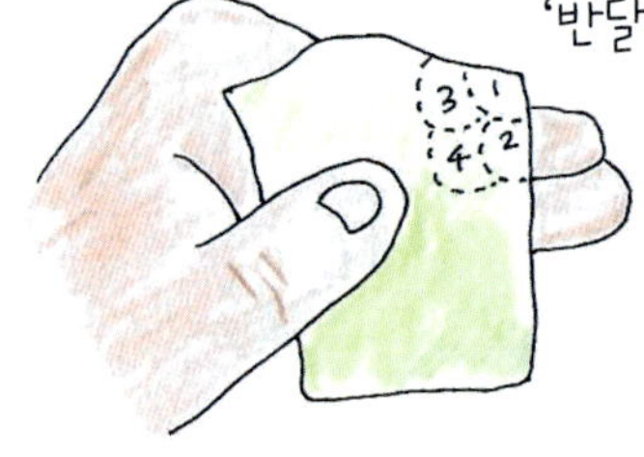

④ 반으로 접은 곳 중, 두꺼운 쪽을
화살표 방향으로 붙이면
뒤꿈치가 생긴다

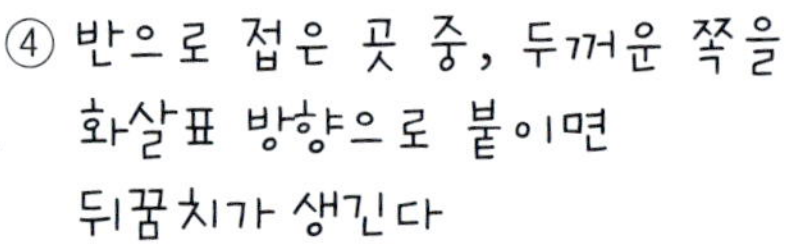

⑤ 아래, 위 둘러보고,
지저분하게 보이지 않도록
한지를 붙여준다

뜯어낸 한지를 자세히 보면 가장자리에
한지 섬유질이 보인다
섬유질이 겹친 것과 한지가 겹친 것은
두께가 다르다
그것을 이용해서 접으면 위 그림과
같은 모양이 된다

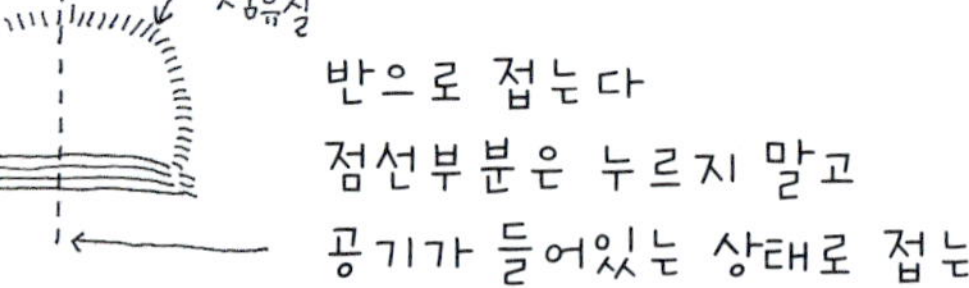

반으로 접는다
점선부분은 누르지 말고
공기가 들어있는 상태로 접는다

친하게 지내던 이웃집 친구 '부부'를
모델로 만든 종이막대인형

인형극 「내 딸을 100원에 팝니다」에 등장했던 종이막대인형
마음씨 착한 아저씨 '재범'

인형극 「도깨비」에 등장했던
이웃집 아줌마 '패티(Patty)'

풀칠한 신문지를 손 가는 대로
구겨서 만든 인형

'학교에 가기 싫은 지우' 종이막대인형
열리는 가방도 메고 있고, 앙증맞고 귀여운 인형이다.

Ⅱ. 관절인형

관절인형은 얼굴, 몸통, 엉덩이, 허벅지, 종아리, 발, 위팔, 아래팔, 손을 나누어 인형의 움직임을 자유롭고, 자연스럽게 하기위해 부분, 부분을 따로 만든다. 다른 인형보다 손이 많이가고 복잡하다. 사람의 움직임보다 유동 각도가 더 크고, 표현도 확대할 수 있다. 반대로 움직이는 관절을 간결하게 만들기도 한다. 관절인형에 다가가기 위해서는 수없는 실패와 도전이 필요하다. 먼저 종이로 만들어보길 권한다. 나무를 깎아 수고롭게 관절인형을 만든 사람도 종이관절인형의 매력을 외면할 수 없다.

1. 얼굴

준비물

폐박스 (단단한 것)
마스킹테이프
광목 、풀、종이 (한지. 얇은 크라프트지) 、헝겊、쌀、솜、흙、바셀린、
와인병、신문지、랩

만드는 법

① 노트나 수첩에 만들고 싶은 얼굴을 그려본다

② 와인병 위에 신문지를 자기 주먹 '반' 정도 크기로 만들어
   테이프로 고정한다

③ 그 위에 랩을 씌우고, 흙을 펴서 덮고, 원하는 얼굴 이미지를
   조금씩 흙을 붙여가며 만들어본다
   *얼굴 크기, 얼굴 모습이 동그란지, 긴지, 턱은 나왔는가,
   각이 졌는가, 뾰족한가 등을 살피며 만든다

④ 얼굴형 위에 코, 입, 귀, 머리 형태, 눈 등을 만든다

⑤ 그 위에 바셀린을 바른다(적당하고 골고루)

⑥ 손에 묻은 바셀린 기름기를 제거하고,
   주변에 흙 부스러기들도 치우고,
   풀칠한 한지를 조금씩 작게 뜯어
   바셀린을 올린 흙덩이 얼굴에 붙여간다

⑦ 4~5겹을 올리고
   바람이 잘 통하는 그늘에서 2~3일 말린다
   *흙도 건조해져서, 만져보면 붙인 종이 얼굴과 흙덩이 얼굴이
    살짝 겉도는 것이 느껴진다

⑧ 머리 중앙 3~4cm를 남기고,
   목에서 귀를 통과해 칼로 종이를 가른다

⑨ 앞뒤로 벌려 흙덩이 얼굴에서
   종이 얼굴을 떼어낸다

⑩ 떼어낸 종이 얼굴은 바로 테이핑하고,
   종이 풀칠을 해서 칼로 자른 부분과
   테이프 자국을 감춘다
   *칼로 자른 부분을 테이핑 할 때
    벌어지거나, 겹치지 않게 주의한다

⑪ 그늘에서 말린다

2. 손

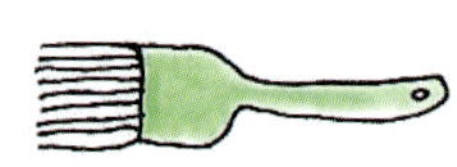 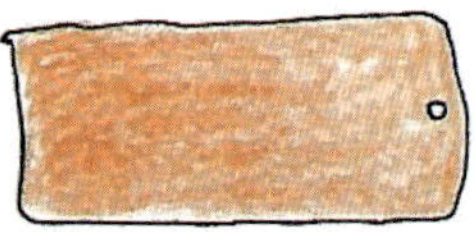 

만드는법　　인형 손을 만드는 법은 여러 가지가 있다

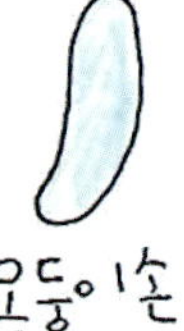  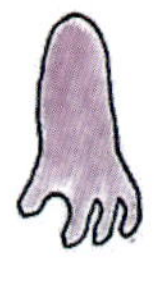  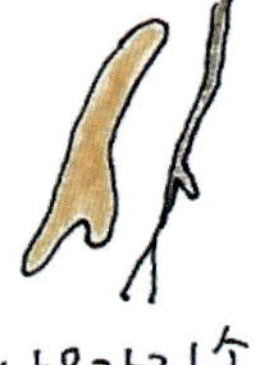

이 중 '손가락 있는 손'을 만들어 보자

*결심하듯 이렇게 말하는 것은 손가락 만들기가 쉽지 않은 작업이어서다
　우선 구하기 쉬운 신문지로 연습을 해보자

종이 크기 가로 5cm X 세로 6cm
4장을 준비한다

공기를 누르지 않고

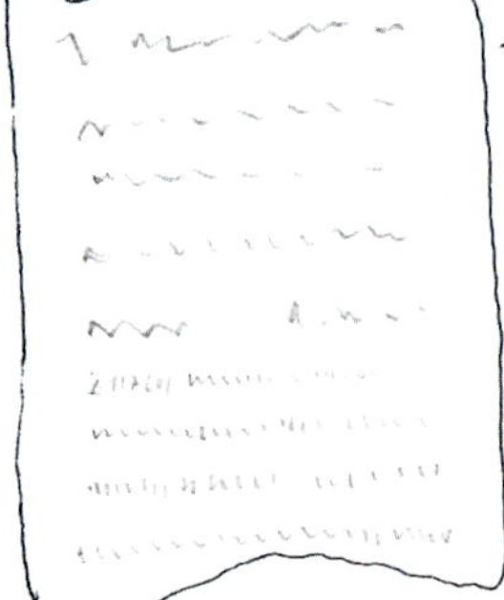  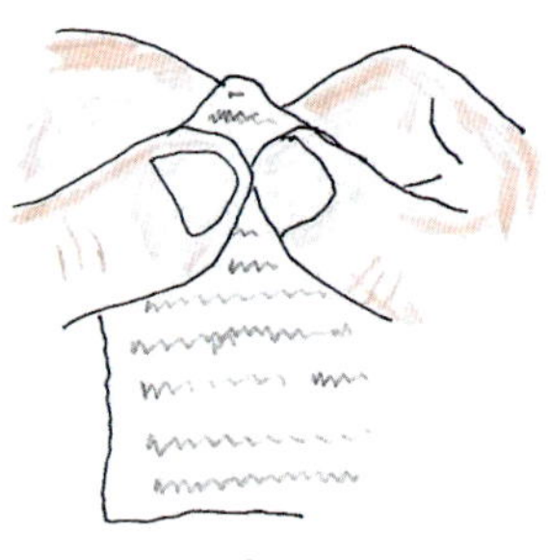

양쪽을 구겨서
뒤로 보낸다

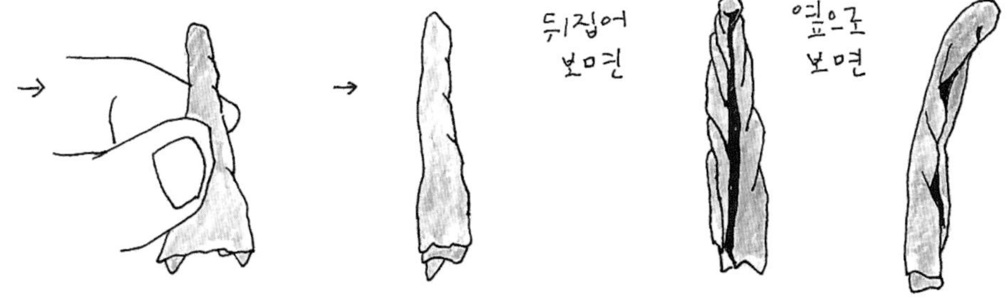

① 손가락 모양을 낱개로 4개 만든다

② 제일 굵은 것을 엄지로 하고, 나머지를 마스킹 테이프로 붙인다

③ 남겨 놓은 엄지를 검지 '위'에 놓고 테이핑한다

④ 손바닥에 작은 근육들을 종이로 조금씩 만들어 테이핑하고

⑤ 풀칠한 종이를 붙인다
   붓을 이용해서 붙이면 보다 쉽다

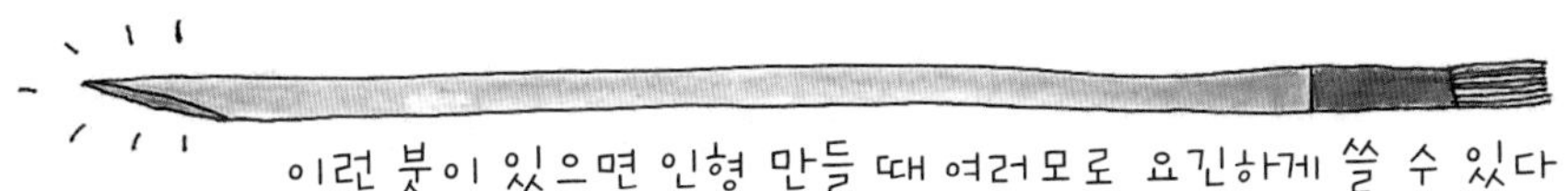

이런 붓이 있으면 인형 만들 때 여러모로 요긴하게 쓸 수 있다

⑥ 그늘에서 잘 말린다

⑦ 오른손, 왼손의 엄지손가락 위치를 확인하자
   가끔 같은 쪽 손을 두 개 만드는 경우가 있으니...

3. 몸

(Size 25cm 미만)

준비물

박스, 헝겊, 돌멩이, 쌀, 인형의 발 2개, 글루건, 글루건 심, 가위, 칼, 마스킹테이프

만드는법

① 박스를 원하는 크기로 잘라서 몸통과 엉덩이 부분을 둥글게 만든다

② 엉덩이 부분에 글루건을 이용해 돌멩이 2~3개를 고정시킨다

③ 가슴과 엉덩이, 두 개 박스
　 조형물을 헝겊으로 연결한다

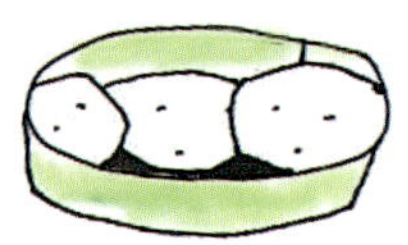

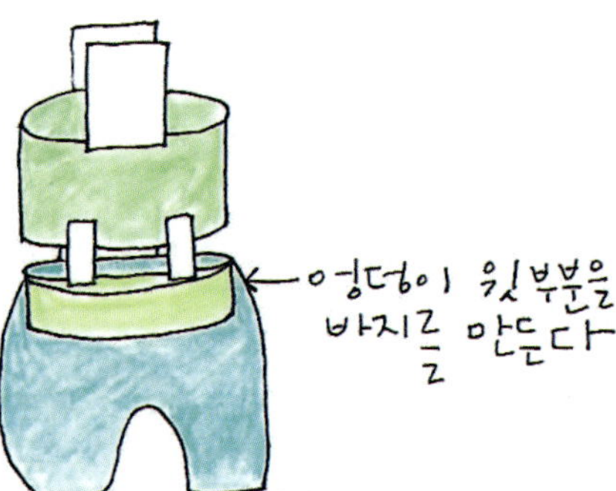

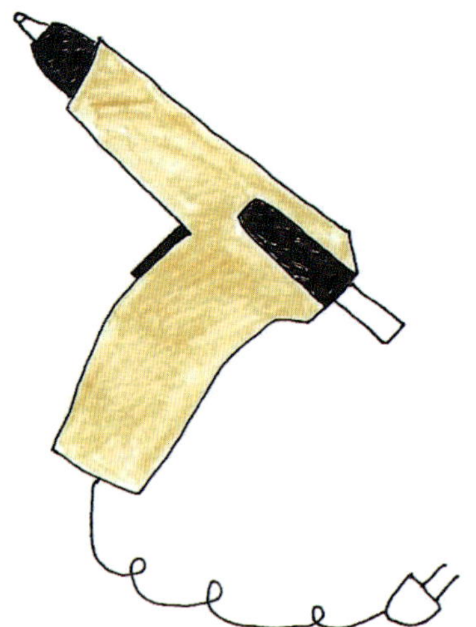

솜에10원질한
막대가 나오는 곳.
팔꿈치자리
팔뚝이
납작하
지 않게
솜을 넣는다
돌멩이
솜
쌀
손등에 굴루건 굴루를
조금 떨어 뜨리고
옷소매가 붙어있게
한다

관절인형

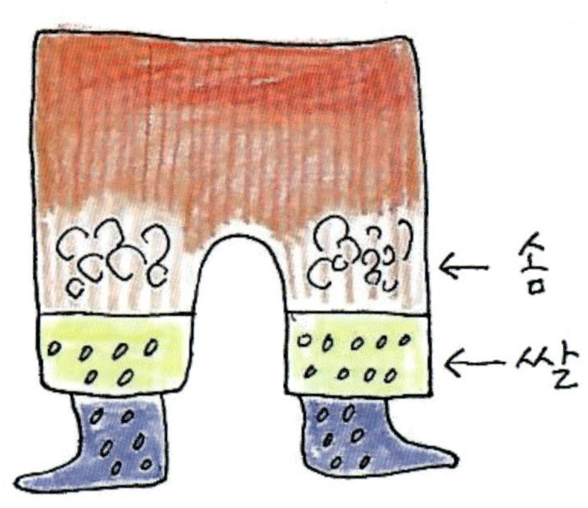

④ 바지와 발 2개를 글루건을 이용해 연결하고

⑤ 쌀을 넣는다

⑥ 솜을 넣는다
   (조금 넣어야 허벅지가 잘 움직인다)

⑦ 바지를 허리 부분에 고정하고

⑧ 저고리를 만든다

4. 바지

인형 바지 만드는 법은 여러 가지 중 2가지를 소개한다

두 장의 천으로
옆 모양처럼 꿰메고,
가위로 오려내면 된다

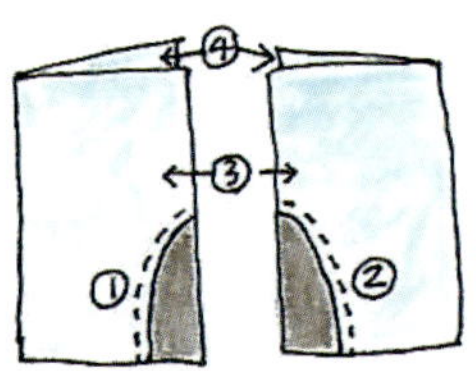

 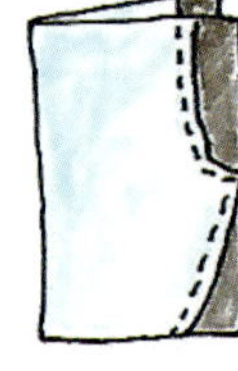

또다른 방법은
인형에 맞게
바지 모양을 정하면 된다

바지에 쌀 넣기

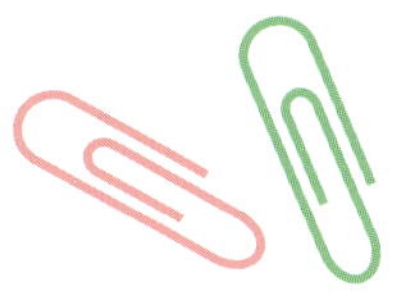

2~3 ts.
바지에 쌀과 솜을 넣는 방법은
먼저 만들어놓은 2개의 발을 붙인 바지에
깔대기를 대고 쌀을 넣은 다음, 솜을 넣는다
엉덩이 맡은 비워놓는다
솜
글루건을 이용해서 바지와 발을 연결한다 (쌀이 삐져나오지 않게. 꼼꼼히)
풀칠해서 딱딱한 한지 발끝
여기에 쌀이 들어가면 발에 안정감이 생기고 인형을 움직일 때, 발을 쳐다보지 않아도 발이 바닥에 닿는 느낌이 손에 전해진다

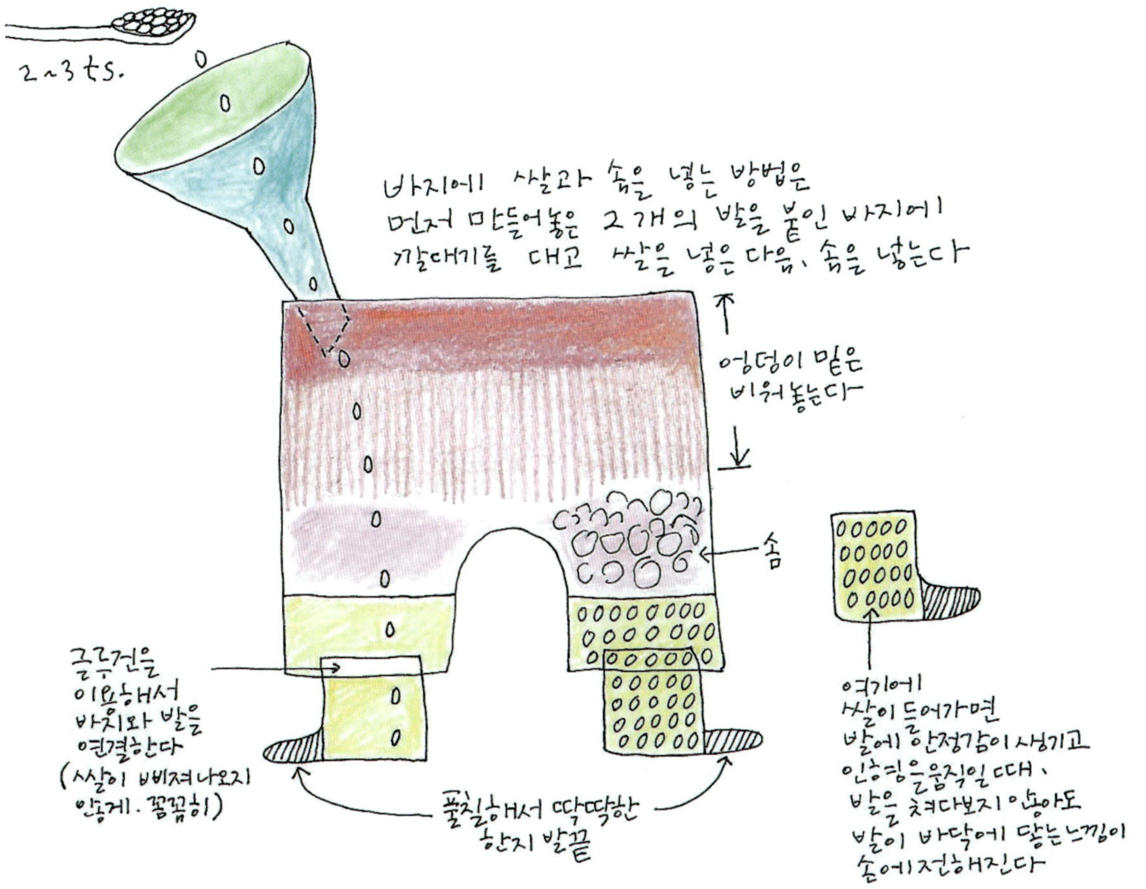

5. 저고리

① 인형의 가슴, 팔둘레, 팔길이...
　모두 노트에 적어놓은 다음

② 접어서 옷 속으로 들어갈 시접을 남기고,
　천을 자른다

*어깨에서 내림선은 저고리 만들기에 중요하다

③ 어깨선을 꿰맨 다음

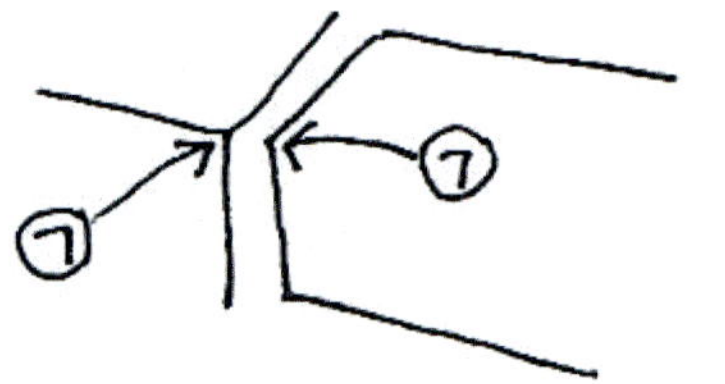

④ 팔과 어깨 꼭짓점을 맞춘 다음 꿰맨다 ㉠

⑤ 팔목에서 겨드랑이를 거쳐
　저고리 아랫단까지 한 번에 꿰맨다 ㉡

저고리 앞터짐은

① + ② + ③
하는 방법과

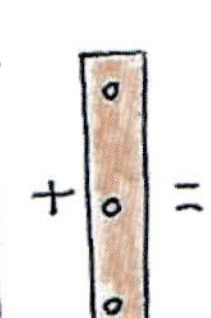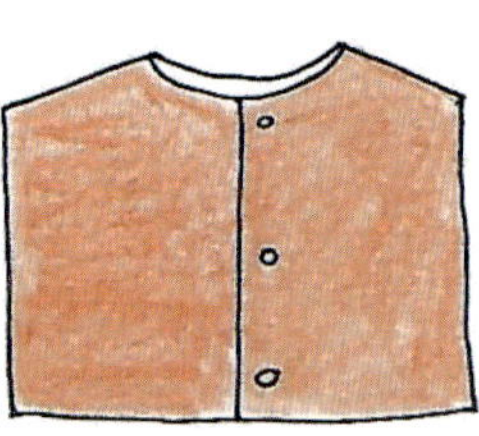

인형극 「바리공주」의 주인공 '바리'
아버지의 명약을 구하기 위해
먼 길을 떠나는 중이다.

양 볼이 터질 듯이 통통했던 내 어린 시절 모습을 본떠 만든 관절인형
이름은 '명이'라고 지었다.

2016년 제28회 춘천인형극제
포스터를 위해 제작했던 엄마 인형

연극 「윗도리」에 등장했던 인형들
주인공 '윗도리'의 엄마와 아빠

40

인형 컬렉터 Barbara Peterson의 집에 전시된
'새를 안고 있는 소년', '엄마가 돌아가신 날', '흑인소녀 니옵'
현재도 Barbara 집에 내 인형이 20여 점이 보관되어 있다.

표. 마스크인형 Mask

마스크는 얼굴에 쓰고, 마스크에 맞게 개성있는 인물로 변하게 하는 마술같은 도구다. 인형뿐 아니라, 연극, 영화, 축제, 퍼레이드 등에 쓰인다. 마스크는 본인의 얼굴을 가리고 다른 인물, 다른 역할을 할 수 있고 동물, 만화 주인공, 우주인으로 변장할 수 있다. 간단하고 가벼워서 휴대하기 좋다.

1. 판지마스크

paperboard, cardboard
두꺼운종이로 만든 마스크

준비물

판지, 신문지, 마스킹테이프, 풀칠할도구들, 칼, 가위, 연필

만드는법

① 판지 위에 마스크를 그린다

② 마스크 그림을 오려낸다

42

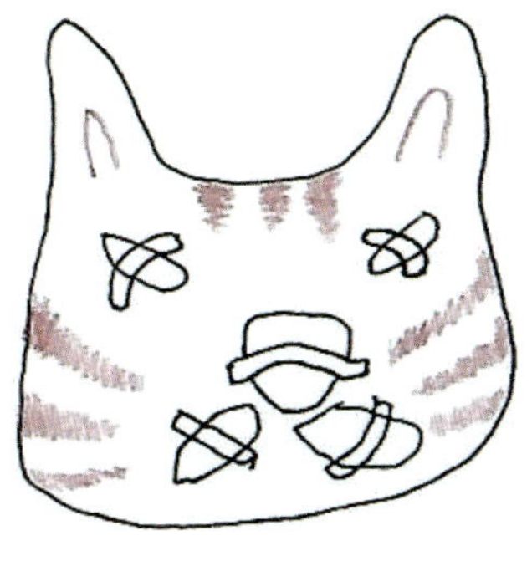

③ 평면 마스크 그림판에 신문지를 구겨
이미지를 덧대고 마스킹 테이프로 붙인다

④ 마스킹 테이프 붙인 곳을 풀칠해
양감(볼륨)을 탄탄하게 한다

⑤ 눈으로 보아야 할 곳에 구멍도 내고
머리에 띠를 둘러
마스크를 머리에 쓸 수 있게 한다

2. 점토마스크

점토를 이용해서 만든 마스크는 다른 마스크보다 섬세하고, 작업할 때 점토가 받쳐주니 종이 사이에 공기를 모두 빼주어 마스크는 단단해진다. 흙을 준비해야 하고, 작업할 때 주변이 어지럽혀지고, 여러 복잡한 과정이 있지만 점토를 이용해 만든 마스크는 완성도와 만족감이 좋다.

준비물

점토   랩   물감 (아크릴, 수채화물감)
조각도   나무판   붓 · 팔레트
비닐봉지   물 · 풀   물통
마스킹테이프

만드는법

① 나무판 위에 신문지를 봉지에 넣고,
   납작하게 만들어 마스킹 테이프로 붙인다

② 점토를 뜯어 얇게 눌러서 비닐봉지 위에
   붙이면서 얼굴 모양을 만든다

③ 랩을 씌운다

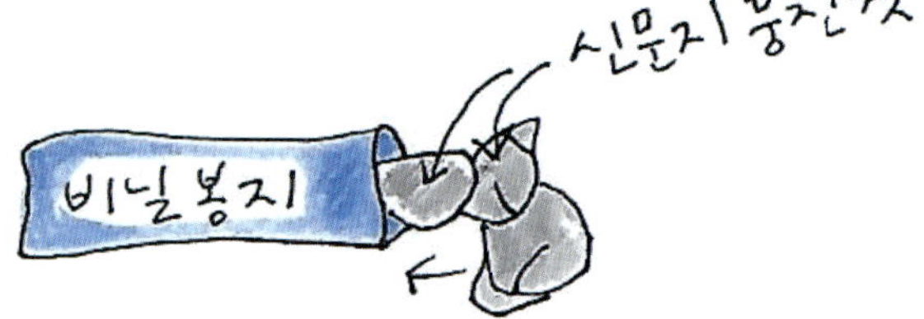

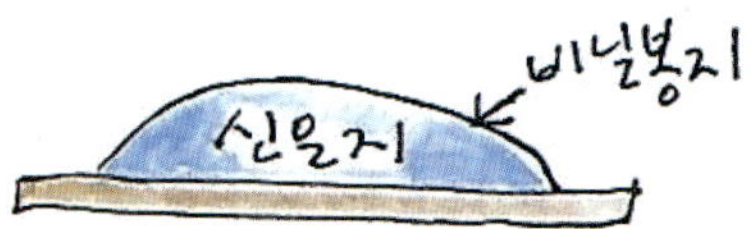

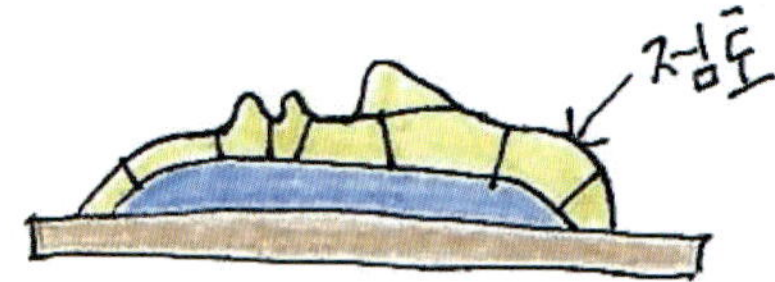

④ 랩을 씌운 후
　 옆 그림의 화살표 방향으로 코에서부터
　 시작해서 주변으로 종이를 붙여 나간다
　 이유는 공기를 빼기 위해서다
　 *첫 번째 겹(레이어)만 이렇게 붙인다
　 　두번째 겹(레이어)부터는 방향 없이 붙인다

⑤ 5~6 겹(레이어)을 붙인다

⑥ 3~4일 그늘에서 말리고 떼어낸다

⑦ 가장자리를 가위로 잘라 정리하고
　 종이로 풀칠해준다

⑧ 가장자리 풀칠한 것이
　 잘 말랐으면 색칠하고

⑨ 헤드밴드를 마스크에 만들어 준다

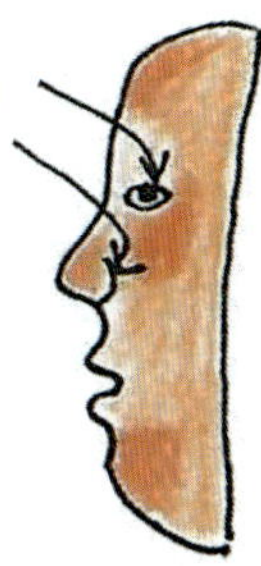

인물을 나타내는
중요한 부분이니
주의해서 제작

가장자리 정할 때
철사를 넣어주면
더욱 단단해진다

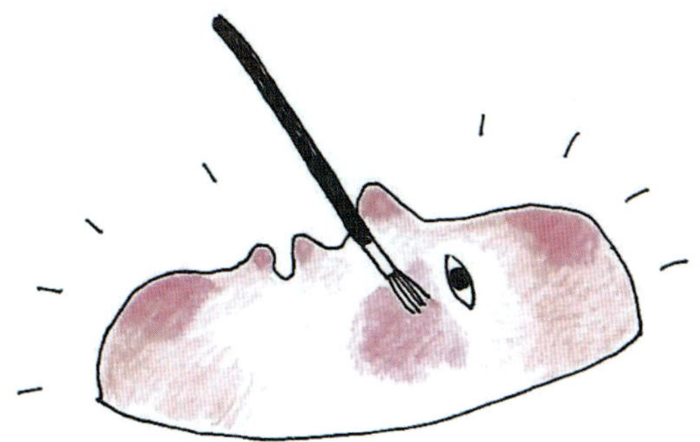

레이어 Layer

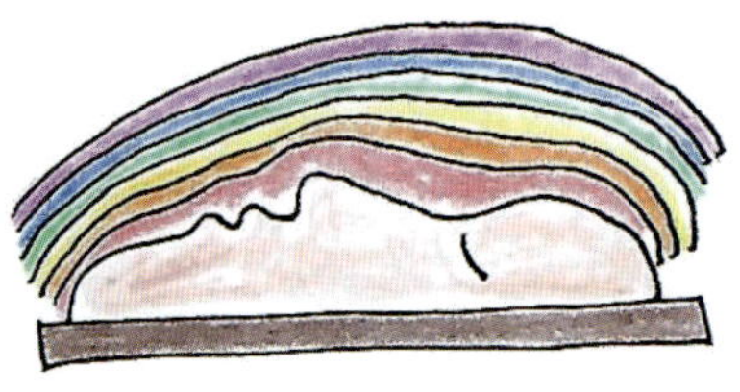

우리말로 '겹'이라고 쓰지만,
요즘은 디자인 프로그램을 많이 쓰고 있어 '레이어'라고 했다.

① 마스크를 만들 때 여러 차례 종이를 붙인다
　같은 종이를 계속 붙이면 혼동을 일으킬 때가 있다
　이를 방지하는 좋은 방법으로 각 겹(레이어)마다 다른 재질이나
　다른 색 종이를 붙인다면 잠시 자리를 비웠다가 돌아와도
　작업 진행 순서를 기억할 수 있고, 두께도 고르게 만들 수 있다

② 마스크의 두께는
　보통 6겹(레이어)이 좋고,
　마스크가 작으면 4겹(레이어),
　크면 10겹(레이어)이 넘기도 한다

③ 신문지는 두 장을 1겹(레이어)으로 하는 이유는
　신문지에 풀을 바르면 얇고 연해지는 단점 때문이다
　결대로 찢어 붙이는 신문지도 마르면 두께가 생긴다
　두 겹씩 붙인 1겹(레이어) 위에 올라가는
　종이 두께를 계산해 보자

④ 종이를 붙인 부분이 울퉁불퉁하고
　결이 곱지않은 피부가 되는 것은 이 때문이다

⑤ 한쪽으로만 붙이지 말고
　가로, 세로 여러 방향으로 나눠서 붙인다

⑥ 처음 원하던 모형과 그려놓은 얼굴을 자주 보면서
　작업해야 내가 원하는 마스크를 만날 수 있다

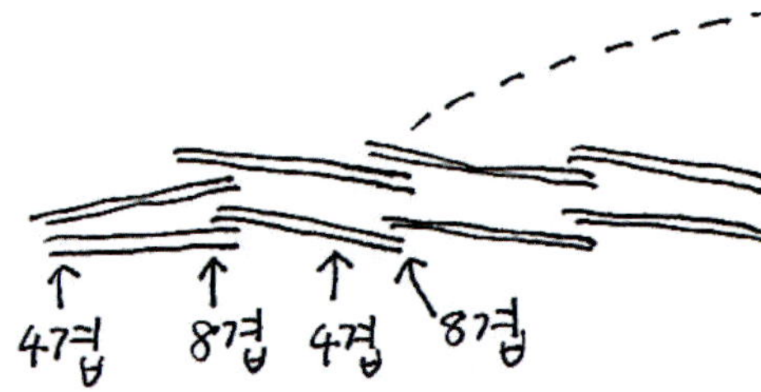

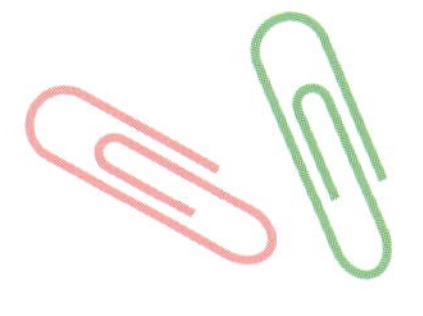

마스크 안에서 밖을 보는 틈

마스크 눈에 구멍을 뚫으면 무서운 마스크가 된다.
얼굴에 딱 맞는 마스크를 제외하고는 마스크 눈을 뚫지 않는 것이 좋다.

코 옆이나 입술 음영을 이용해 밖을 본다(칼로 오려낸다)

점도 구멍을 내서 밖을 볼 수 있다

마스크 얼굴이
넓적해서 수염이
안으로 들어오면
코 밑, 입술과 함께
가늘게 오려낸다

코 가장자리
라인과 주근깨를
뚫어 밖을 본다

3. 봉투마스크

봉지, 봉투, 종이 쇼핑백 등을 이용해 만드는 마스크로 다른 마스크보다 쉽고,
가볍게 만들 수 있다. 한 번 쓰고 버려지는 것들을 재사용한다는 데 의의가 있지
만, 이동이나 보관할 때는 주의가 필요한 마스크다.

준비물

큰봉투 2장, 마스킹테이프, 철사, 저밋소, 신문지, 크라프트지
풀칠할 도구들, 색칠할 도구들

만드는법 ① 만들고 싶은 마스크 상을 그림으로 완성한다

② 봉투 2개를 겹쳐서 맨 아랫부분 네 귀퉁이를 안으로 구겨 넣어 각진 것을 둥글게 만든다

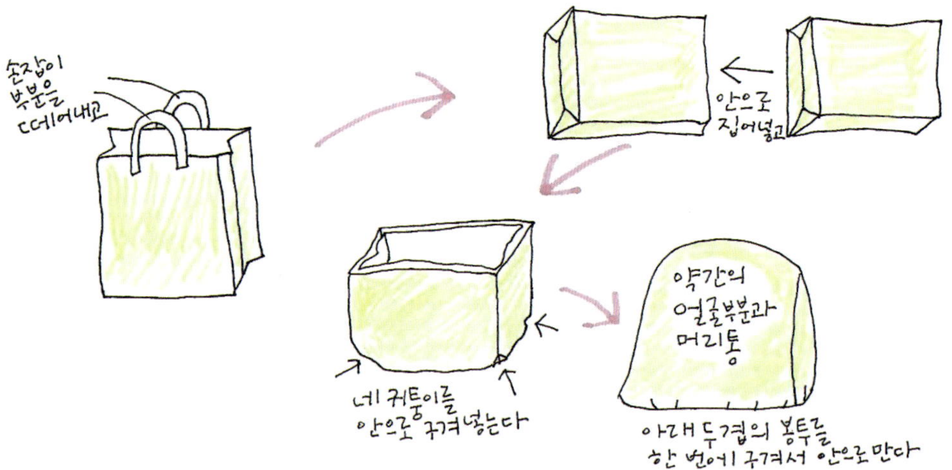

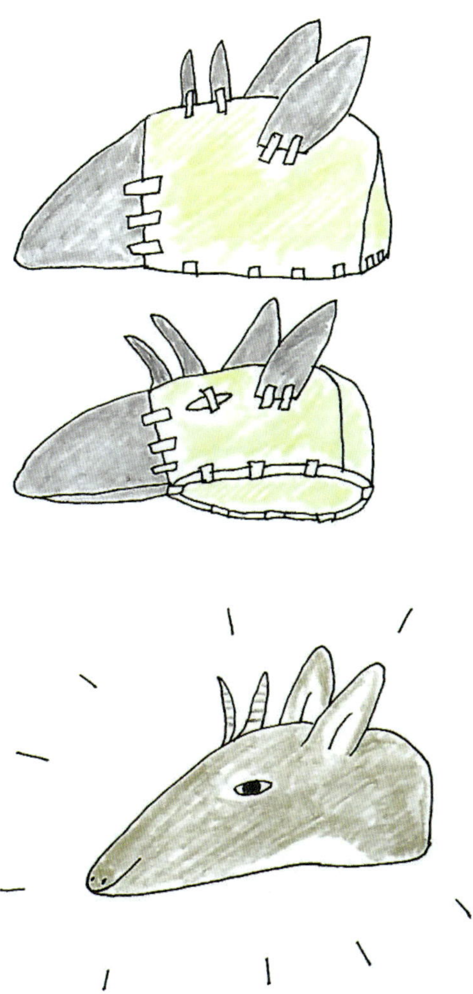

③ 그려 놓은 마스크 그림을 보면서
만들어 놓은 머리에
신문지를 구겨서
마스킹 테이프로 붙인다

④ 눈, 귀, 뿔 등을 신문지로
만들어 봉투에 붙인다

⑤ 신문지와 테이프가 안 보이게 종이로
풀칠해 준다

⑥ 풀칠은 신문지 한 겹,
크라프트지 한 겹,
총 두 겹으로 마무리 한다

⑦ 잘 말린 후 신문지로 만든
코와 얼굴 일부를 안에서 뜯어내면
훨씬 가벼워진다

⑧ 젯소를 칠하고 그 위에
아크릴 물감으로 색칠한다
아크릴 물감은 마르고 나서
한 번 더 칠해준다
색칠하는 것은 한 번에 끝내는 것이 아니라
여러번, 천천히, 멀리서 바라보며 하면 좋다

종들의 서식처를 지켜주세요

'우리는 알고 싶다!'
2014년 4월 4.16 세월호 참사를 알리고, 위로하고 싶은 행진을
LA와 샌프란시스코에서 친구들과 함께 했다.

'달의 얼굴' 마스크인형

'여우' 모자인형

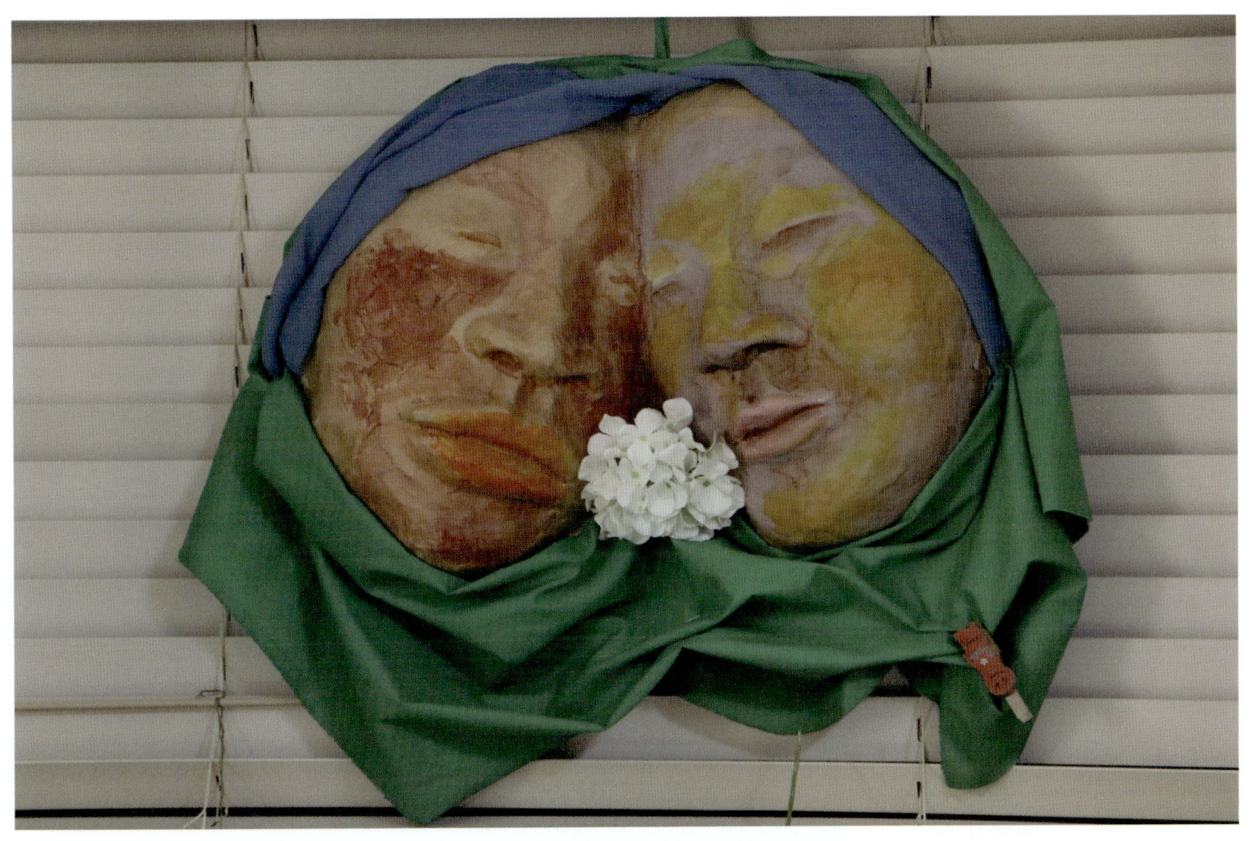

사람 인(人)자 인형의 두 사람이 머리를 맞댄 마스크인형
'메이데이 퍼레이드' 때 만든 인형이었는데 다들 좋아했다.

'삼신할미' 마스크
광주 양림동 호랑가시나무 언덕에서

IV. 큰 인형 Giant Puppet

큰인형의 종류는 매우 다양하다. 한 50여 가지가 넘는다.
그 중에 백팩인형을 소개한다. 백팩인형은 우리가 가방을 메듯,
인형을 메고 행진하거나 특정한 곳에 등장한다.
시민 워크숍에서 사람들에게 인기가 많은 인형이기도 하다.
인형이 큰 만큼 만드는 데 시간과 품이 많이 들어간다.

준비물

포키박스. 신문지, 크라프트지 , 마스킹테이프
풀칠하는 도구들, 색칠하는 도구들, 각목, 못, 드릴, 폐타이어.
칼. 가위. 톱. 줄자. 연필. 소창, 옷감, 스폰지, 재봉틀, 실, 바늘

만드는법

① 큰인형 그림을 그린다 (큰 얼굴과 몸 전체를 상세히)

② 마스크(큰인형 얼굴)를 만든다

③ 완성된 마스크 안쪽에 각목 2개를 그림처럼 연결한다

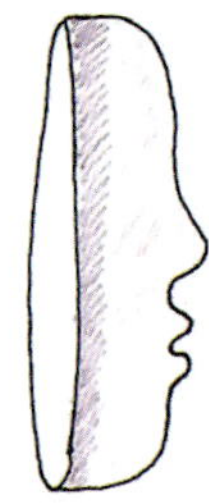  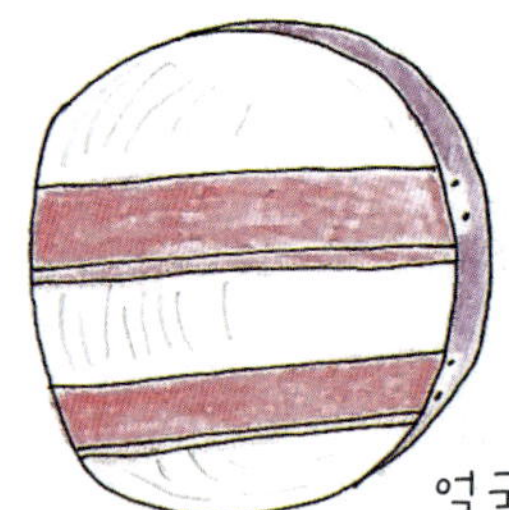

큰 마스크를 완성하려면 며칠이 걸린다

얼굴 안쪽에
나무를 박는다

56

④ 각목으로 어깨에 짊어질 백팩을 만든다
각목은 두 가지 종류를 쓰는데
25mm × 25mm와 21mm × 50mm를 쓴다
(목재소마다 조금씩 다르기도 하다)

*편의상 21mm × 50mm를 붉은 색칠

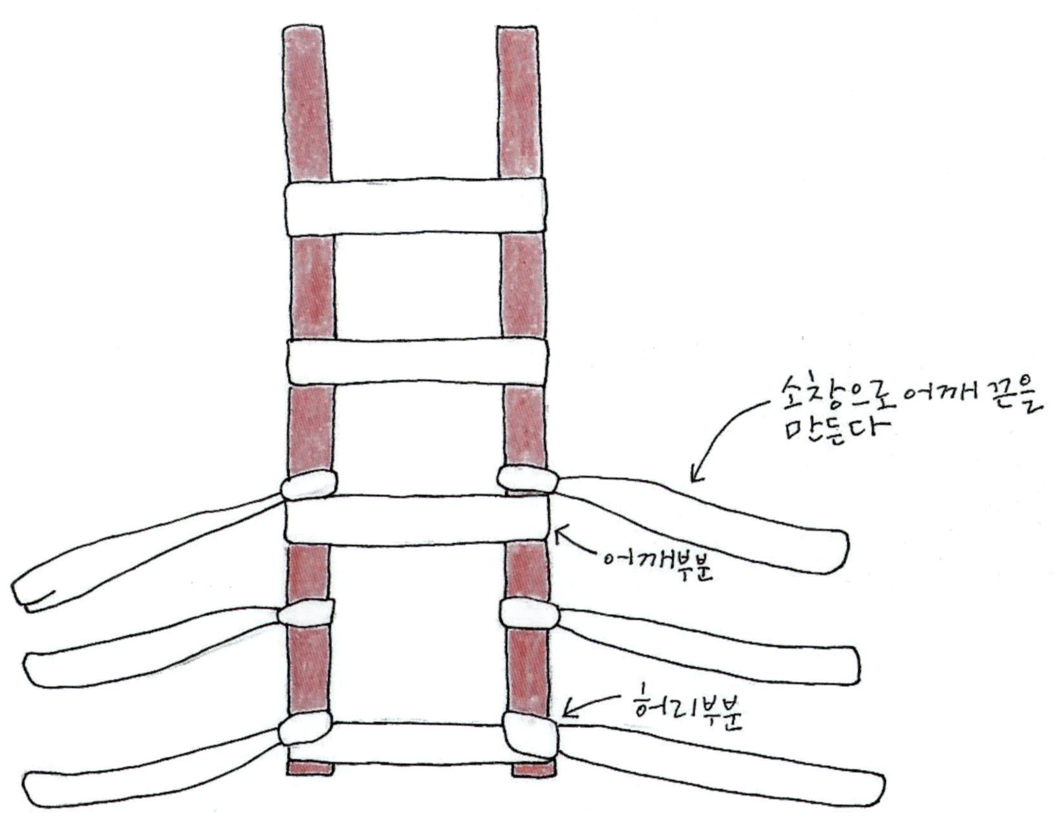

⑤ 이곳에 적은 것은
참고 사이즈로 변형이 가능하다

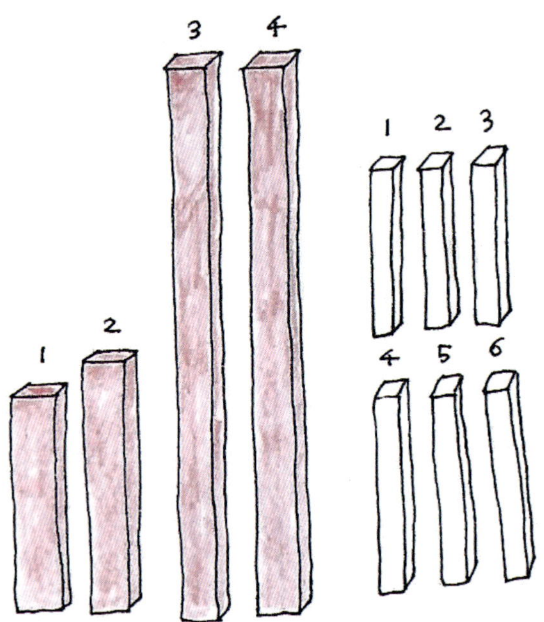

3
4
1
2
3
4
5
6

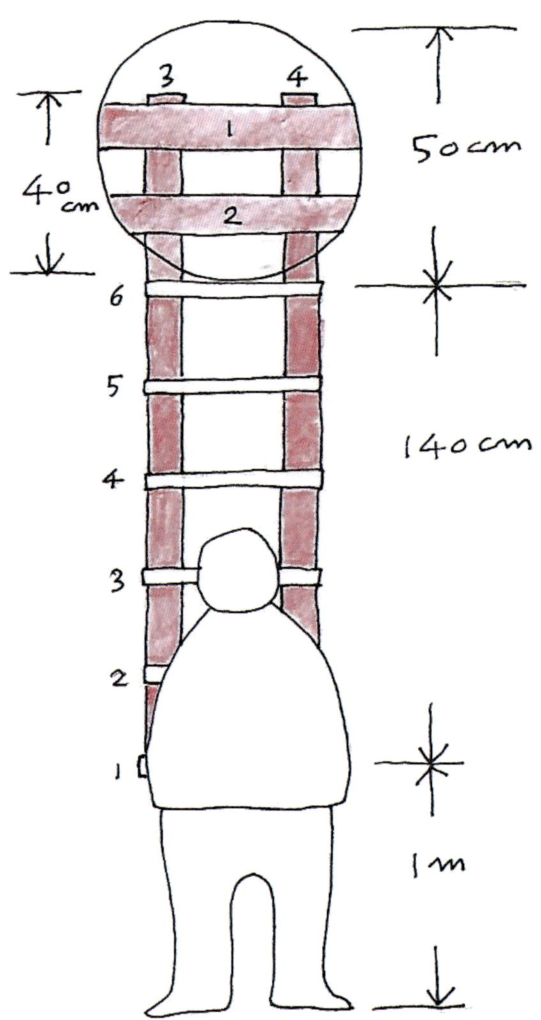

3
4
1
2
50cm
40cm
6
5
4
3
2
1
140cm
1m

⑥ 큰인형 양손을 만들어 대나무로 연결해 움직일 수 있게 한다

⑦ 옷을 만들어 입힌다
　(밖을 볼 수 있게 얼굴 부분에는 거즈를 붙인다)

⑧ 세 명이 인형을
　움직이기도 한다

또 다른 재료를 써서.

폐박스

대나무

치마를 입을
경우엔 천을
사용하고,
바지일 경우엔
인형에 들어간
사람이 큰바지를
입는다

박스몸통   대나무 몸통

환경운동에 앞장선
인형 '녹색철수'
- 미국 미니애폴리스 HOBT에 보관됨

여성 독립운동가 프로젝트(서울 강동구청)
'당신을 기억할게요' 큰인형 제작 워크숍

소설 「소년이 온다」의 주인공 '동호'이자
1980년 5월 5·18민주화운동 당시 희생된 문재학 열사
/ 2025년 5월 광주 동구 제작 전시

2025년 5월 5·18민주화운동 전야제
'5·18 엄마가 만든 주먹밥' 제작
(광주광역시 동구)

2023년 10월 광주 프린지 페스티벌
「영자의 팔순잔치」 공연 8m 크기의 마리오네트 인형 제작

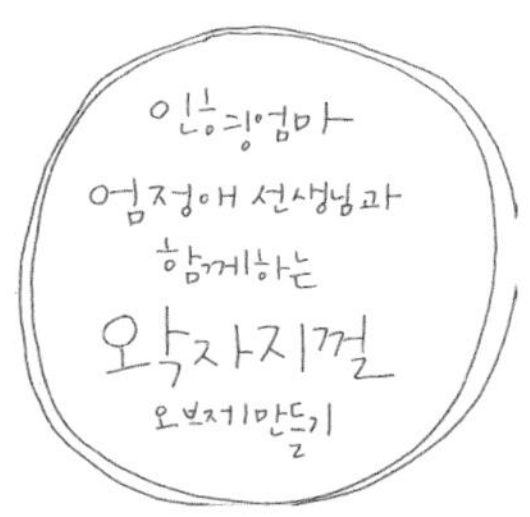

제일 크게 제작했던 인형얼굴은

앞으로 도전은 6m얼굴에····? 장담할 순 없지만
꿈꾸어 봅니다.

* 사라진것들도 꼽아보아요.
반짇고리, 동고리, 종이양산, 종이우산, 부채
지신, 씨앗통 ····종이로 만들었던것들···

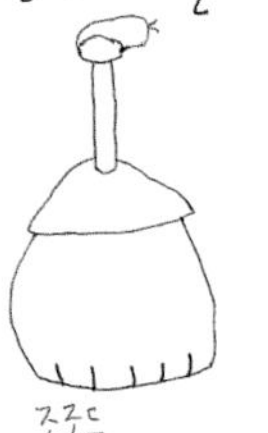

할머님과 밤에 이웃으로 마실갈 때 비추던 조족등···
이제는 필요하지 않아서 사라져버렸지만, 종이로
만들었던것들이 아련히 추억속으로····

아이가 과일상점에 앉아
저걸 보면서
밝게 웃고 있었어요.

손을 가리면
저만 안보이는데도····

아이의 웃음만큼,
아이의 손 만큼
욕심내지 않고 살겠다고
그리고
좋아하는 일하며

살겠다고 ····

이건
인형은
어때요

I. 납작인형

판지나 두꺼운 종이로 만들고, 앞뒤 표정을 다르게 해서 인형극 상황을 반전시키는 납작인형이다. 판지 위에 인물이나 동물, 건축물 등을 그려서 압축된 형태를 표현한다. 부피가 없으니 바닥에 누워있다가 일어서는 신비한 인형이다. 공연을 하며 여행할 때 이용하면 좋다.

준비물

만드는 법

① 연습장 위에 만들어야 할 인형 그림을 그린다

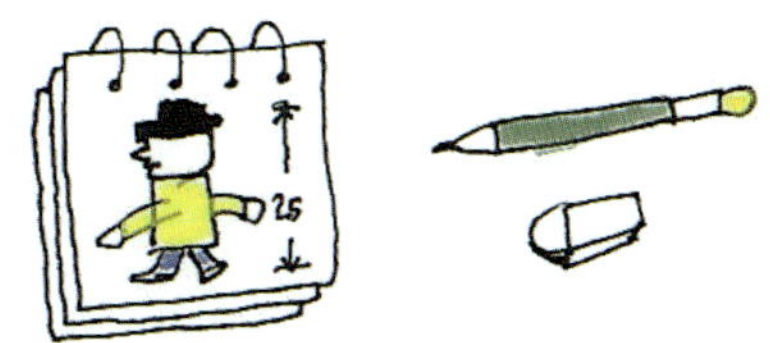

② 판지 위에 디자인한 그림을 그린다
   그림은 앞과 뒤를 한 장에 그린다

③ 가장자리 선을 따라 칼이나 가위로 오린다

④ 가장자리에 꽃철사를 마스킹 테이프로 붙이고
   얇은 크라프트지로 풀칠해 붙이고, 말려둔다

⑤ 색칠을 한다

⑥ 납작인형 맨 위쪽에 구멍을 내
   끈으로 묶어둔다
   (끈으로 묶는 이유는 앞뒤 전환을 빨리해야 할 때 좋다)

마스킹 테이프와 철사가
안 보이게 풀칠한다
가운데 부분은 풀칠하지 않는다
(가장자리만 풀칠)

납작인형 인형극
「그림 그리는 집」에 나왔던
장욱진 화가의 고모님(앞면)

납작인형 인형극
「그림 그리는 집」에 나왔던
화가 난 고모님(뒷면)

납작인형 고양이 '휘'
다리 부분에 철심을 넣어 움직여서 혼자 서 있을 수 있다.

병마개와 판지와 나뭇가지로 만든 납작인형
공연에도 쓰고, 펜던트로 옷에 장식도 했다.

Ⅱ. 손인형

손인형 중 두 가지 인형을 소개한다. 하나는 장갑을 이용해 만든 인형이고, 또 하나는 양말을 이용해 만드는 인형이다. 아주 오래전부터 만들어졌던 이 인형들은 인형극 연구에 한 부문이기도 하다. 유럽에서는 지금도 손인형으로 공연이 열린다. 화가 파울 클레(Paul Klee, 1879~1940)도 많은 손인형 작품을 남겼다.

1. 장갑 손인형

장갑은 원예용 목장갑을 사용한다.
헐렁한 크기를 고른다. 짝 잃은 장갑이나 구멍난 장갑을 버리지 말고 멋진 인형으로 만들어볼 수 있다.
(생각하고 있는 인형을 먼저 그려보는 것이 기본!)

준비물

장갑. 신문지, 마스킹테이프, 한지. 골두건
풀칠도구 , 색칠도구, 가위, 연습장, 연필

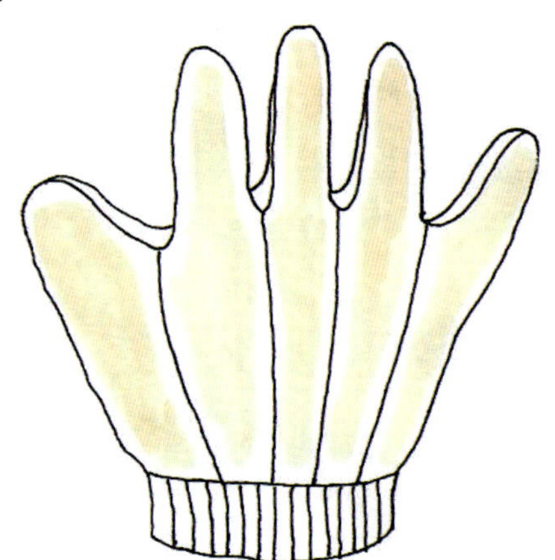

만드는법

① 먼저 머리 부분을 만드는데
　　신문지 한 장을 뭉쳐서 테이핑한다

② 귀, 코, 입 돌출된 부분도 만들어 테이핑한다

③ 신문지에 풀칠해서 바른 다음
　　한지도 풀칠해 준다

④ 그늘에서 잘 말린 다음,
　 머리에 뭉쳐진 신문지를 빼낸다

⑤ 가위로 정리한 다음, 색칠한다

⑥ 장갑에서 엄지와 새끼손가락을 놔두고
　 가운데 세 손가락을 만들어 놓은 머리와
　 글루건을 이용해서 연결한다
　 (연결할 때 장갑을 끼고, 글루건의 글루를 머리
　 아랫부분/안쪽에 바르고 세 손가락을 밀어넣는다)

⑦ 장식도 해주고,
　 그림도 그려주고,
　 손도 그려준다
　 주머니, 단추 등은
　 네임펜으로 그려준다

2. 양말 손인형

짝 잃은 양말이나 발꿈치에 구멍이 난 양말로 인형을 만들어보자. 새 것에서는 얻을 수 없는 가치와 멋을 발견하고, 물건에 깃든 이야기와 추억을 간직할 수 있다.

준비물

헌양말, 신문지, 마스킹테이프, 한지, 글루건, 풀칠도구, 색칠도구, 연습장, 연필

만드는 법

① 신문지를 동그랗게 뭉쳐서 마스킹 테이프로 붙인다
목도 만들어주는데 너무 두껍지 않게 한다
(검지가 들어갈 정도)

② 코, 입, 눈, 모자 등을 동그란 모형에 붙인다

③ 신문지 풀칠을 하고 한지 풀칠을 한다

④ 양말의 발가락 부분에 구멍을 내서
목 부분과 글루건으로 연결한다

⑤ 엄지손가락과 새끼손가락이 나오게
양말에 구멍을 낸다

⑥ 손에 끼우고, 여러 동작을 해본다

3. 지점토얼굴 손인형

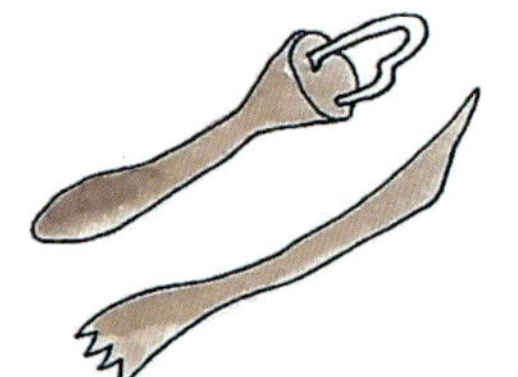

지점토는 점토와 다르게 흰색이고,
종이 느낌과는 다르게 단단하고 거친 표면이 나오지만
지점토 나름의 매력을 살릴 수 있다.
파울 클레(Paul Klee)의 작품을 몇 개 소개하고 싶다.
그는 아들 '펠릭스'를 위해 손수 인형을 만들었다.
펠릭스가 인형극을 좋아해서
폐품, 헝겊, 골동품 단추, 뼈, 동물 가죽 조각 같은
일상 재료를 활용해 인형을 제작했다.

준비물

지점토, 조각도, 헝겊, 굴름건, 색칠도구

만드는법

① 지점토를 얼굴 크기만큼 떼어서 얼굴 모양을 만들고
　 목을 만들 때 검지가 들어가게 만든다

② 코와 입, 눈, 이마, 턱의 형태를
　 조각도나 나뭇가지, 손톱 등으로 눌러 만든다

③ 지점토 역시 점토처럼 접착제를 물로 쓴다

④ 단단해질 때까지 바람이 잘 통하는 곳에서 말린다

⑤ 헝겊으로 옷을 만들 때 손이 들어가야 하니 넉넉하게 만든다

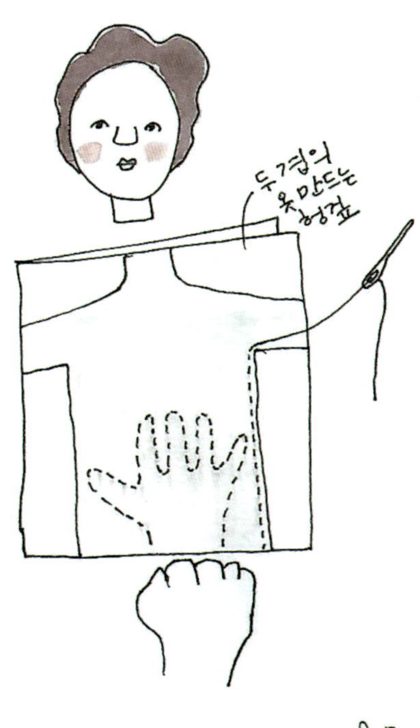

⑥ 지점토 얼굴은 종이 풀칠하지 않는다
(얼굴이 주먹만 해지면 한지를 붙인다)
그러므로 섬세하게 만들어도 된다
단, 심하게 부딪히면 부서진다는 것을 알아야 한다

파울 클레는 바우하우스 시절(1920년대)부터
'예술과 놀이'를 연결하는 실험을 이어갔다.
인형들은 단순히 장난감이 아니라
그가 즐겨 다루던
상징, 유머, 추상화된 인간상을 반영했다.
그는 인형극과 연극적 요소를 통해
회화와 조형을 넘어선
확장된 예술을 탐구했다.

'군졸'
오래된 손인형으로 눈이 세 개인 얼굴.
두 눈은 현실을 보고, 나머지 눈은 이상을 본다면서
초창기에는 눈이 세 개인 인형을 만들었다.

인형극 「도깨비」에 등장했던
차갑고 냉정한 '저승사자 1'

정원용 장갑으로 만든 손인형
검은 고양이 '니오'

엄지와 새끼손가락이 나오는 손인형으로,
손가락을 넣어 움직여서
인형의 감정 표현을 풍부하게 할 수 있다.

85

표. 모자인형

모자인형은 인형 만들기 중에서도 무척 재미있는 작업이다. 배우나 공연자가 공연의 일부를, 또는 상징하는 주제를 만들어 머리에 쓰면 된다. 설정한 동물이나 식물, 새, 인물, 사물 등을 머리에 올려 관중의 눈과 감성에 전달하는 효과가 크다. 만들기도 재미있고, 무엇보다 아이들이 좋아한다.

준비물

신문지, 마스킹테이프, 연습장, 연필
풀칠도구, 색칠도구, 꽃철사

만드는 법

① 연습장에 모자가 될
   그림을 그려본다

② 신문지 세 덩이로 서로 다른
   형태를 만들어 마스킹 테이프로 붙인다

③ 신문지에 풀칠해서 두 겹 붙이고
   한지로 두 겹 붙인다

④ 그늘에서 잘 말리고, 모두 잘 마르면

⑤ 안에 신문지를 빼낸다

⑥ 가장자리 부분을 가위로 정리하고,
   꽃철사를 마스킹 테이프로 붙이고,
   마스킹 테이프와 꽃철사 위에 종이를 바른다

⑦ 색칠한다

①
② 신문지에 마스킹테이프
③ 신문지풀칠과 한지풀칠
④ 바람이 잘 통하는 곳에서 말린다
⑤ 신문지를 꺼낸다
⑥ 꽃철사
마스킹테이프
가장자리 모두 꽃철사를 두른다
⑦ 색칠한다

돼지, 곰, 사슴을 주제로 한
환경캠페인 어린이 모자인형

제21회 곡성섬진강국제실험예술제(2023)
오리 모자인형을 쓴 관객

IV. 인형극 그림 상자 CRANKY BOX

인형극 그림상자(크랭키박스)는 작은 상자 속에 말린 긴 두루마리 그림(스크롤)을 손잡이로 돌리면서 펼쳐 보여주는 장치이다. 전통적인 '움직이는 그림책' 또는 '비주얼 스토리텔링'이다. 인형극 무대의 변화하는 배경이나 줄거리 전개를 시각적으로 보여주는 장치로도 사용한다. 인형의 대사나 움직임을 보조하는 나레이션 그림책 역할과 가볍고 단순한 구조라 소규모 공연이나 거리극, 학교, 도서관, 야외 공연에서 쉽게 활용할 수 있다. 대형 무대가 어려운 상황에서 휴대용 무대 같은 효과를 준다. 그림이 서서히 펼쳐지면서 시각적 기대감과 긴장감을 주고, 특히 아이들은 그림이 움직이는 것을 보면서 인형극의 흐름을 더 집중해서 따라가게 된다. 구조를 알기 위해 폐박스로 먼저 만들어본다. 여행용으로는 작은 상자로 만들기도 하지만 어느 정도 크기가 갖추어져야 효과가 크다.

준비물

폐박스, 자, 칼, 가위, 동그란 막대 2개, 아이스바 막대 2개,
빈 알루미늄 캔, 목공용 본드, 끌르건

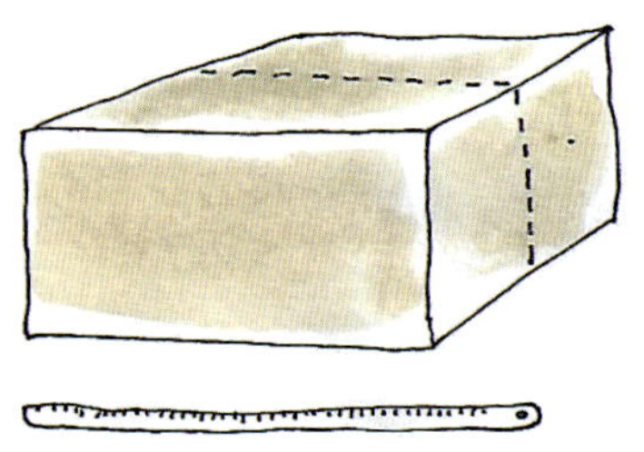

상자의 폭이
넓은 경우
자를 이용해서
길이를 같게 한 다음
칼로 자른다

예리한 칼날이
필요하다
박스 부스러기가
생기면 일이 많아지니
칼날을 바꿔서 쓴다

만드는법

① 상자 길이가 35cm X 25cm X 12cm 정도
그러나 크기는 다양하게 정할 수 있다

②

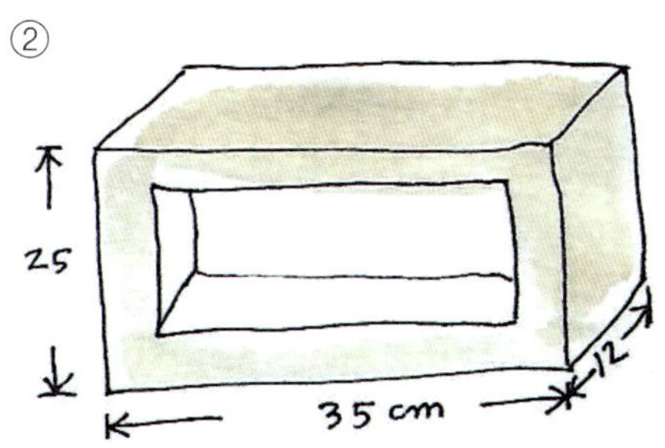

앞면

③

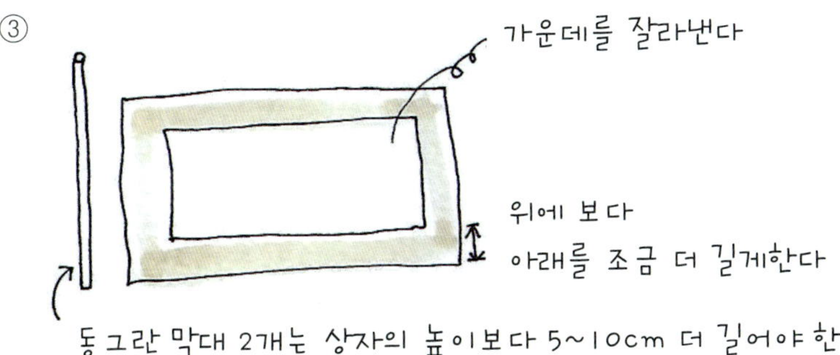

동그란 막대 2개는 상자의 높이보다 5~10cm 더 길어야 한다

④

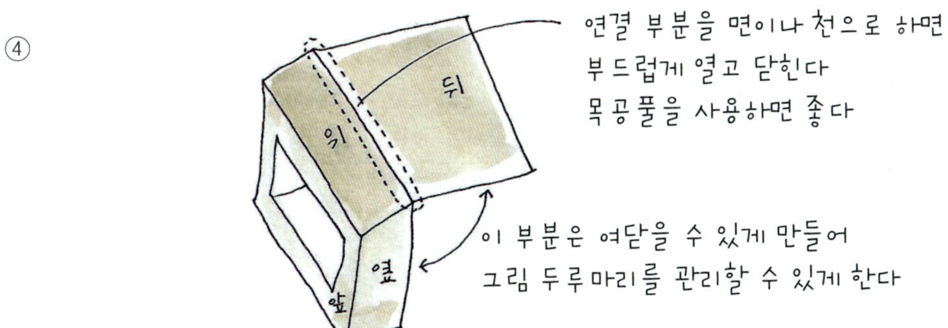

연결 부분을 면이나 천으로 하면
부드럽게 열고 닫힌다
목공풀을 사용하면 좋다

이 부분은 여닫을 수 있게 만들어
그림 두루마리를 관리할 수 있게 한다

⑤ 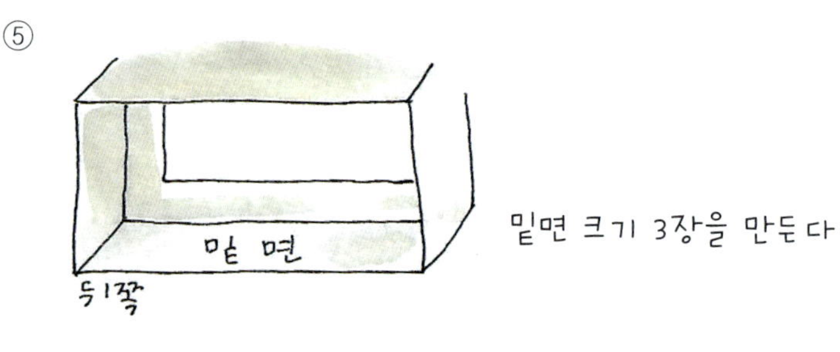

밑면 크기 3장을 만든다

⑥ 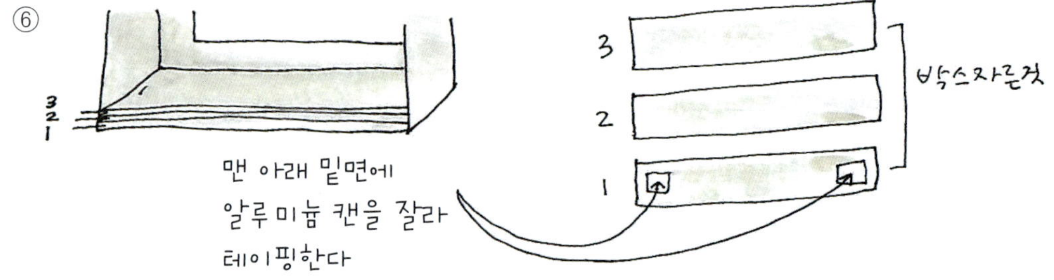

맨 아래 밑면에
알루미늄 캔을 잘라
테이핑한다
동그라미나무(손잡이용)가 회전하며 박스 종이를 마모시키지 않게
알루미늄 캔을 붙이는 것이다

⑦ 알루미늄 캔조각을 붙인 것을 맨 아래 넣고, 한 개씩 차례대로 올린다(박스 자른 것)

⑧ 크랭키박스를 앞으로 돌려서

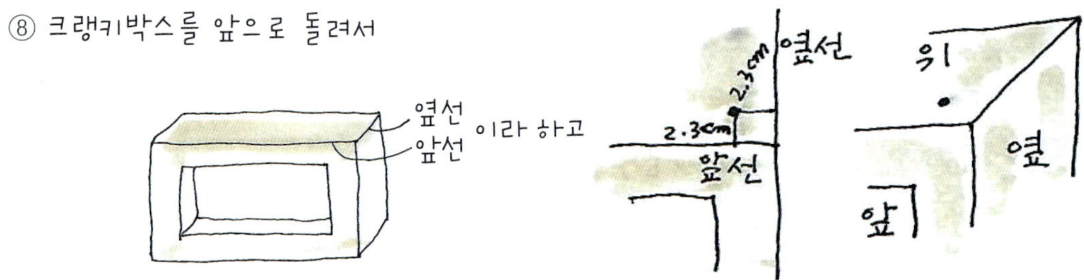

앞선과 옆선 2.3cm × 2.3cm 지점에 구멍을 가늘게 뚫고 막대를 넣어 본다
(구멍이 막대보다 넓어지지 않게)
수직으로 떨어지는 지점을 표시해두고(밑면) 알루미늄 캔조각 '전'까지 구멍을 뚫는다

⑨ 둥근 나무 막대를 빼고, 추가한 밑판 3개를
　글루건으로 연결하고, 나무 막대를 다시 꽂는다

⑩ 크랭키박스에 들어갈 그림을 그리기 전
　종이의 폭을 앞면 구멍을 낸 높이보다(종이폭)
　2cm 넓게한다

⑪ 그림의 내용과 길이는 제작자가 정한다　⑫ 그림을 그린다

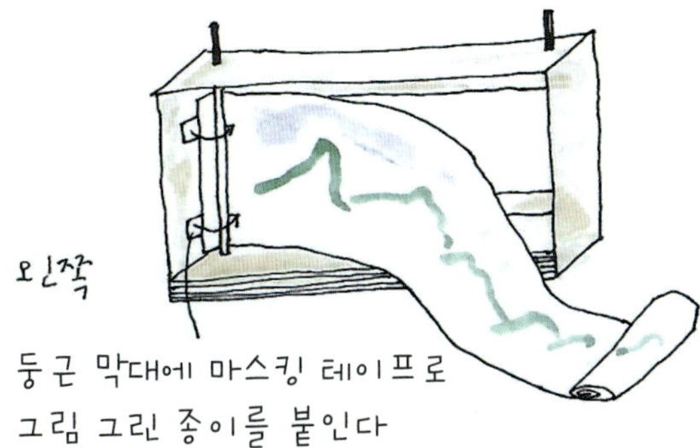

둥근 막대에 마스킹 테이프로
그림 그린 종이를 붙인다

⑬ 그림 그린 종이를 왼쪽 둥근 막대에
　마스킹 테이프로 붙인 다음
　끝이 거의 보일때까지 감아준다

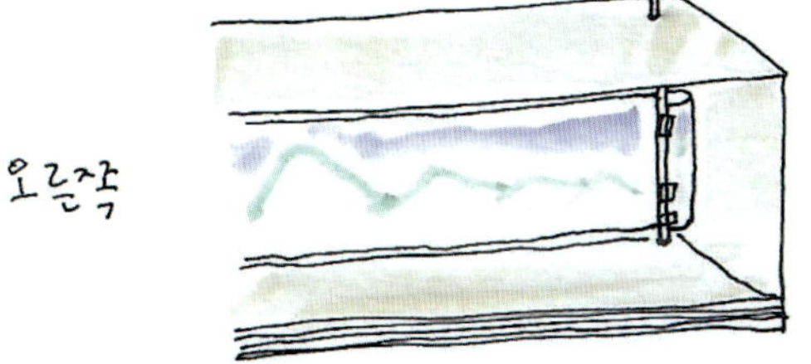

⑭ 오른쪽은 다 말아진 그림 종이
　끝부분을 둥근 막대에
　마스킹 테이프로 붙여준다

⑮ 그림이 돌아가는 둥근 막대
　중앙을 톱질한다

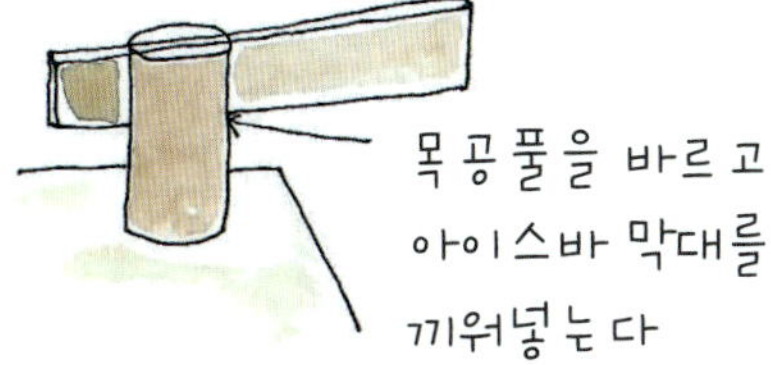

인형극 「그림 그리는 집」에 사용했던
그림 상자

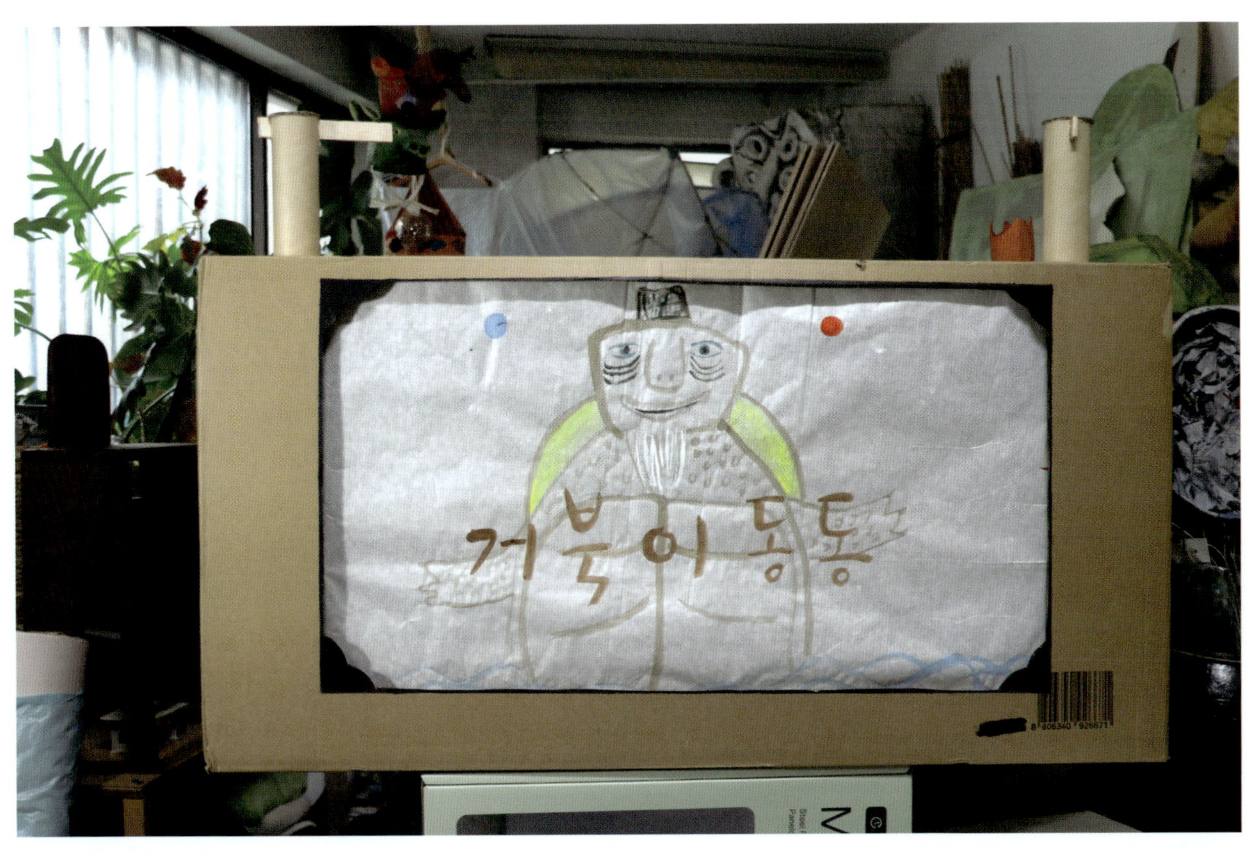

인형극 「거북이 동동」에 사용했던
그림 상자

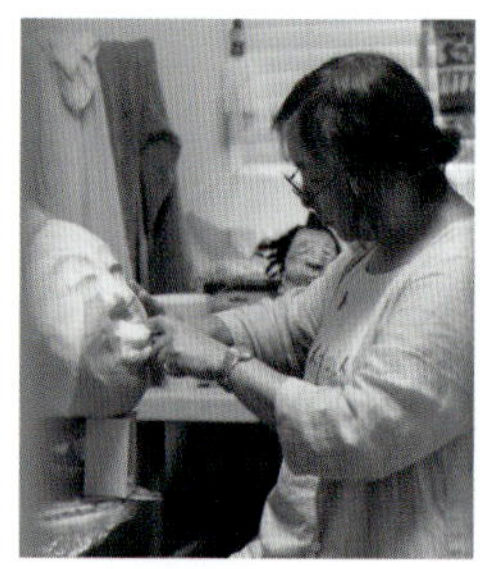

엄 정 애

종이처럼 가볍게 살기를 나의 소명으로 삼았었다.
가까이 있어 늘 작업하기 쉬운 재료가 종이였고,
종이는 나무로부터 와서 따뜻하고 부드러우며 편안했다.
종이 인형을 다룬 지 40여 년이 지났다.
지금은 종이로부터 자유로워지기로 했다.
앞으로도 어떤 모습의 인형과 만나게 될지 기다리고 있다.

발 행 일 2025년 12월 15일
글 · 그 림 엄정애
기   획 이세진
사   진 곽윤희, 이안
편   집 김정현, 김정우
디 자 인 김정우
펴 낸 이 김정현
펴 낸 곳 상상창작소 봄
등록 | 2013년 3월 5일 제2013-000003호
주소 | 62260 광주광역시 광산구 월계로 117-32, 라인1차 상가 2층 204호
전화 | 062) 972-3234 FAX | 062) 972-3264
이메일 | sangsangbom@hanmail.net
홈페이지 | https://sangsangbom.page24.app
페이스북 | facebook.com/sangsangbombom
인스타그램 | @sangsangbom
I S B N   979-11-995285-1-2